元宇宙

下一代
互联网新风口

何楚鸿◎著

中国纺织出版社有限公司

内 容 提 要

　　近几年，"元宇宙"概念成为个人谈论，乃至全球各行业企业探索的焦点。元宇宙究竟能给人类带来什么？进入元宇宙时代究竟还有哪些技术瓶颈需要我们一一攻克？未来元宇宙还会带来哪些新机遇？本书给你想要的答案。本书共分为七章，包括全面解读元宇宙的由来与发展、探寻元宇宙颠覆互联网的奥秘、各国科技巨头抢先布局元宇宙、元宇宙产业投资赛道、NFT使元宇宙经济有序运行、探索传统产业接入元宇宙的入场券、元宇宙的未来展望。阅读本书，可以帮助读者读懂元宇宙、借鉴科技巨头布局元宇宙的智慧，了解元宇宙作为下一代互联网形态的投资方向和发展趋势。细细品味和咀嚼本书后，读者会对元宇宙有更加深刻的认知和洞见。

图书在版编目（CIP）数据

　　元宇宙：下一代互联网新风口 / 何楚鸿著. --北京：中国纺织出版社有限公司，2023.1
　　ISBN 978-7-5229-0041-4

　　Ⅰ. ①元… Ⅱ. ①何… Ⅲ. ①信息经济—通俗读物 Ⅳ. ①F49-49

　　中国版本图书馆CIP数据核字（2022）第208707号

策划编辑：曹炳镝　于　泽　　　责任编辑：史　岩
责任校对：高　涵　　　　　　　责任印制：储志伟

中国纺织出版社有限公司出版发行
地址：北京市朝阳区百子湾东里A407号楼　邮政编码：100124
销售电话：010—67004422　传真：010—87155801
http://www.c-textilep.com
E-mail：faxing@c-textilep.com
中国纺织出版社天猫旗舰店
官方微博 http://weibo.com/2119887771
天津千鹤文化传播有限公司印刷　各地新华书店经销
2023年1月第1版第1次印刷
开本：710×1000　1/16　印张：12
字数：123千字　定价：58.00元

近几年，"元宇宙"一词在全球互联网科技界备受关注。这个极具科技感、科幻感和神秘色彩的词汇快速进入大众视野，获得了前所未有的关注。

什么是"元宇宙"？元宇宙就是在人工智能、区块链、扩展现实、通信网络、云计算、数字孪生等技术协同创新下，诞生的一个虚拟与现实世界相融合的全新数字化世界。这个世界里包含了人、物、场景，与我们的现实世界十分相似，是现实世界的"克隆"体。在这个世界里，人们以数字化身份存在，所有的物和场景也都是以数字化形式存在，人们可以自由发挥自己的想象力和创造力去自由创建自己喜欢的物和场景，包括生活、学习、工作、社交、娱乐、购物等，做任何自己想做的，甚至在现实世界难以实现的事情。

从本质上看，元宇宙与互联网具有相同的特质。元宇宙超越了包含文字、图片、视频、语音的 2D 互联网世界，打造了一个真正的仿真模拟 3D 全息世界。但与互联网相比，元宇宙世界里的用户交互性更强、用户获得更多自主掌控权、用户体验上升到更高阶段。所以，元宇宙可以说是下一代互联网的新风口。

元宇宙这个概念其实在 1992 年就被提出了。但很长时间里，元宇宙只停留在概念阶段。如今，随着人工智能、区块链、扩展现实、通信网络、云计算、数字孪生等技术进一步发展，为元宇宙的诞生提供了良好的技术条件，也使元宇宙这个充满自由的世界得以很好地呈现。

在看到了元宇宙领域蕴含的巨大商业潜质后，全球知名科技、互联网企业，如腾讯、百度、谷歌、微软、索尼、三星等，都争相涌入元宇宙领域。如今，元宇宙已经成为资本界的新宠，成为各行各业发展的新赛道。众多传统行业，如零售业、影视业、游戏业、文旅业、教育业、医疗业、房地产业等，也纷纷开始接入元宇宙，寻求新的发展机遇，提升市场竞争力，由此全面打开一个基于数字化竞争的新局面。有一些企业，在试水元宇宙的过程中探索和尝试了多种商业模式，成功走在了前列，成为入局元宇宙的标杆和典范。

总而言之，元宇宙为我们构建了一个美好的新世界，它推动整个社会不断向前发展，也为各领域的发展开辟了新蓝海，为产业发展打开了新天地，将为人类创造一个更加舒适、美好的幸福世界。

那么元宇宙究竟能给人类带来什么？传统产业该如何构建全新商业模式入局元宇宙？进入元宇宙时代究竟还有哪些技术瓶颈需要我们一一攻克？未来元宇宙还会出现什么新机遇？本书给你想要的答案。

本书共分为七章，分别是全面解读元宇宙的由来与发展、探寻元宇宙颠覆互联网的奥秘、各国科技巨头抢先布局元宇宙、元宇宙产业投资赛道、NFT使元宇宙经济有序运行、探索传统产业接入元宇宙的入场券、元宇宙的未来展望。阅读本书，可以帮助读者读懂元宇宙、借鉴科技巨头布局元宇宙的智慧，了解元宇宙作为下一代互联网新风口的投资方向和发展趋势。

此外，本书还用通俗易懂的语言和生动有趣的示例为读者展示元宇宙背后所不为人知的、变革世界的惊人力量。书中既有科学的严谨性，又不乏趣味性，将元宇宙世界之美展现得淋漓尽致，有助于读者开阔视野，激发读者进一步探索元宇宙的兴趣。

元宇宙未来可期，前景宏大。细细品味和咀嚼本书后，你对元宇宙会有更加深刻的认知和洞见。

何楚鸿

2022 年 8 月

目 录

引子　看懂形势才能抓住机遇

近两年，元宇宙的概念火遍全球，许多人认为元宇宙距离我们十分遥远，只是昙花一现的热度。但如果你能看懂当前元宇宙的发展形势，那么就会对元宇宙有不一样的认知，并能快速抢抓元宇宙带来的机遇，率先获得元宇宙红利。

（1）文学作品中的元宇宙

关于元宇宙的思想，其实在很多文学作品中都有很好的呈现。

在唐代李公佐所著的《南柯太守传》中，就有这样的描述：一天，淳于棼酩酊大醉，便倒在一颗大槐树下睡着了。之后，他"化身"为大槐安国的一个子民，便在这里生活下来。此后，他考取了功名，被封为南柯太守，迎娶了美丽的公主为妻，二人还有了孩子，过上了锦衣玉食的生活。二十年荣耀生活之后，他却被遣返故里。在梦惊醒的一刹那，淳于棼终于回归现实，得知是自己做了一场美梦。

在整个梦境中，人物不仅身处另外一个空间中，时间上也进行了拓

1

展，一场梦过了一生，而且梦境中的一切像真实发生的一样。淳于梦在梦中的体验，其实和元宇宙十分相似。这样的文学作品给人以立体感和真实感，更能赢得人们的青睐。

在小说《雪崩》中，作者斯蒂芬森创建了一个和现实社会紧密联系的三维数字空间——元宇宙，元宇宙是与现实世界平行的虚拟世界，在现实世界中处于不同地理位置的人们可以通过数字化身在元宇宙中共同交流、娱乐。这是一个完全沉浸式的虚拟世界，人们可以沉浸其中，在元宇宙世界中，有一类被称为"石像鬼"的人，由于过于沉迷这个虚拟世界，他们选择永久待在这里，而他们现实世界中的身体则会付出永久毁容的代价。

1992 年出版的小说《雪崩》中描绘的这个超前的虚拟世界被认为是元宇宙概念的诞生，元宇宙一词首次出现。

（2）游戏领域中的元宇宙

在游戏中，我们同样能看到元宇宙的影子。当前，很多游戏已经引入元宇宙概念。

老牌游戏公司深圳中青宝互动网络股份有限公司，在国内上线了《酿酒大师》这款游戏。这款游戏为玩家创建了一个沉浸式的酿酒世界，大家在这个世界里可以通过酿酒系统，完成制曲、酿造、生产、包装等工序，体验全套酿酒技术。除此以外，玩家还可以在这里进行社交、结婚生子、员工招募、竞价拍卖等。在这个神奇的数字酿酒世界，玩家可以做自由的数字酿酒人，也可以实现自己的人生梦想。

《酿造大师》这款游戏构造的这个全新世界就是元宇宙的体现。《酿酒大师》打破了虚拟与现实的壁垒，以虚拟映射现实，是一次大胆的尝试与创新，给玩家带来了逼近现实的游戏体验，也因此吸引了众多玩家参与进来。

（3）影视作品中的元宇宙

从内容上看，影视作品与元宇宙有着千丝万缕的联系，有很多影视作品在创作的过程中，也加入了元宇宙概念。

影片《哪吒：魔童降世》中有一个桥段是：太乙真人拿着一支"指点江山笔"，对着"山河社稷图"进行勾画重塑，便打造出一个专供哪吒训练的演武场。

在影片中，整个演武场就是一个与现实时空有联结关系的"异空间"，演武场里的所有情境十分真实，给观众营造出一个亦真亦幻的开放式联想体验。这样的空间、这样的体验，就是融入了元宇宙概念，该影片既获得了口碑，又收获了票房。

总而言之，元宇宙将现实世界与虚拟世界相融合，在文学作品、游戏领域、影视作品中的应用，足见其发展潜力充足。只有看清并看懂元宇宙当前的形势，才能更好地抓住机遇，找准自身发展方向，赢得更多的市场红利。

第一章
全面解读元宇宙的
由来与发展

　　元宇宙作为下一代互联网的发展形态，正在全球范围内迎来一股新的讨论热潮，是当下最具影响力的热门词汇。但很多人对元宇宙一知半解，甚至毫不了解。通过本章对元宇宙的由来与发展全面解读，你将会对元宇宙有更加深入的了解。

1.1　从零开始认识元宇宙

对元宇宙的讨论热潮扑面而来，面对这个新名词，你一定有着各种好奇与疑问。对于"元宇宙是什么"的问题，很多人不能给出一个精准的描述。从零开始，全方位认识元宇宙，将对我们后期大力发展元宇宙业务，借助元宇宙赢得财富打下很好的基础。

1.1.1　元宇宙究竟为何物

元宇宙在当下变得非常火爆，很多科技公司都拿出真金白银进行投资。但也有人只是持观望态度，这是因为他们对元宇宙的了解依旧模糊，不够透彻和深入。

那么元宇宙到底为何物呢？

（1）元宇宙的概念

在《牛津字典》中，元宇宙的定义为"一个虚拟现实（Virtual Reality，VR）❶空间，用户可在其中与电脑生成的环境和其他人交流互动。"

---

❶　虚拟现实是一种可以创建和体验虚拟世界的计算机仿真系统，它利用3D计算机模型和模拟技术生成一种模拟环境，使用户完全沉浸到该环境中。

用通俗的方法来解释，元宇宙就是借助诸多技术手段，如虚拟现实、增强现实（Augmented Reality，AR）❶、人工智能、通信技术、区块链、云计算、数字孪生等技术，以及信息科学、量子科学、数学、生命科学等，创建的一个虚拟与现实相结合，而且拥有一个完整的社会和经济系统的全新数字化世界。在这里人人都有自己的数字化身，人们可以在其中交友、娱乐、消费，也可以发挥自己的聪慧和才能，创建自己在现实中难以实现的、逼近现实的世界。

事实上，不同领域对于元宇宙的认知是有所不同的。

①学术领域

未来学家卢克·沙布罗认为，元宇宙是一个模糊的、数字混合的现实，具有不可替代性，不受传统物理的限制和约束。

②科技领域

腾讯公司创始人马化腾认为，元宇宙是一个独立于现实世界的虚拟数字世界，用户进入这个世界之后就能用新身份开启全新的"全真"生活。

（2）元宇宙有什么用

一个新事物的出现意味着新的契机和挑战，同时也是一个新的开始。而其存在的价值，终归要通过其用途来体现。

元宇宙的存在，主要是因为以下四个方面。

---

❶ 增强现实技术将含有字母、数字、符号或图形的信息叠加或融合到用户看到的真实世界中，具有虚实融合和实时交互的特点。

①解决数以亿计用户同时交流的诉求

传统的网络游戏及在线会议平台无法满足大量用户同时在线的需求，如果同时在线用户太多，就会出现网络卡顿等情况。但在元宇宙平台上可以同时容纳数以亿计的用户，而且可以有效保证用户彼此交流的实时性。

②满足人们身临其境的体验感

传统线上游戏、旅游等往往受到时空的限制，难以使人们获得身临其境的感觉。在元宇宙中，用户可以打破时间和空间壁垒，去玩一场十分逼真的游戏，去进行一次逼真的旅游。这样的沉浸式体验可以给用户带来更多的愉悦感。

③实现个人的人生梦想

元宇宙中，每个玩家都可以发挥自己的才华，进行内容创作，构建游戏规则。因此，在现实生活中难以实现的人生梦想，可以在元宇宙实现。

④对人们的生产、生活方式带来变革

除了文学作品、游戏领域、影视作品，元宇宙对电商购物、通讯、远程办公、线上教育和医疗、旅游等领域，都会带来不同程度的变革。

（3）元宇宙中的人是否真实

元宇宙中的用户有很多，但每个用户在元宇宙中都以"化身"的形式存在。用户可以以任何角色出现在元宇宙当中，可以是一只乖巧的萌宠，也可以是一个威风凛凛的男子，可以是一个正值花季的姑娘，也可以是一个年过七旬的老者。所以，你永远也不知道用户的真正年龄和性别。

（4）元宇宙中是否可以交易

元宇宙中的用户可以自由创作，打造属于自己的数字商品，如数字服装、数字皮肤、数字房产等，并且这些商品可以以一定的价格进行售卖。这些数字商品的价格如何来决定？价值决定价格。所以，要根据这个数字商品的价值，来确定其价格。通常，价值越高，价格则越高。在元宇宙中，用于表示数字资产的非同质化代币（NFT）的应用，使得数字商品具有唯一性。因此，NFT数字藏品由于具有收藏价值，也便拥有了较高的售卖价格。

有了买卖交易，那么元宇宙也就自然形成了一个经济体系。值得一提的是，由于区块链技术的应用，这个经济体系就像现实世界一样能够安全、有序运作。

（5）元宇宙在哪里

元宇宙究竟在哪里？元宇宙是一个虚拟与现实相结合的世界，这个世界的构成，需要借助通信网络技术来实现，所以，元宇宙世界并不在线下，而是在线上，在网络里。

（6）元宇宙只有一个吗

众所周知，我们所生存的星球只是宇宙里众多星球中的一个。作为与我们现实世界联结的世界来讲，元宇宙同样不止一个。不同的科技巨头、产业大亨等构建的元宇宙平台各不相同，这使得元宇宙具有了多元化的特点。

（7）如何进入元宇宙

既然元宇宙是一个如此神奇的世界，那么我们普通人该如何进入呢？

①进入工具

元宇宙看似很虚无、很不真实，那是因为我们缺乏进入工具。

A. 触觉手套

触觉手套是让用户能够在元宇宙世界中产生触觉交互的工具。

B. VR 头显设备

VR 头显设备是一款混合现实运用装备，是我们进入元宇宙的关键设备之一。戴上 VR 头显设备，通过该设备的实时面部和眼球追踪功能，可以让我们在元宇宙中看到各种人物、物品和场景，甚至可以表达自己的情绪。

②确定进入身份

除了借助一定的工具之外，还要明确进入元宇宙的身份。

A. 以生产者身份进入

元宇宙世界是需要用户不断去创造和丰富的，所以，我们进入元宇宙时，可以以生产者身份进入，参与到元宇宙的建设中来。在做出贡献的同时，还可以换得相应的利润作为回报。

B. 以消费者身份进入

在元宇宙世界里可以进行交易，我们可以以一名消费者的身份参与进来，通过消费满足自己的所有需求，同时也保证整个元宇宙经济系统的持续运行。

元宇宙听起来有点神秘，让人觉得不可思议，但在充分了解元宇宙之后，我们就会对元宇宙有一个全新的认知。

1.1.2 元宇宙由何而来

在对元宇宙有了基本了解之后，相信很多人都会对元宇宙的起源好奇。那么元宇宙究竟由何而来呢？

这还要从一本科幻小说说起。1992年，科幻作家尼尔·斯蒂芬森创作了一本名为《雪崩》的小说。在书中，作者描绘了一个"异构"世界：在一个与现实世界平行的、基于数字科技的网络虚拟世界里，人们可以通过各自的"化身"相互交往，在闲暇时间还可以随意支配自己的收入，进行买卖交易。在这样一个世界里，沉浸在其中的人们收获了无限的快乐和极大的慰藉。

《雪崩》整个故事内容可谓"脑洞大开"，书中融入了历史学、神话学、宗教学、语言学、人类学、生物学和数学，构建了一个元宇宙世界，在很大程度上消除了人们之间空间的隔阂。身处在这个世界的人们几乎可以像现实世界一样学习、工作、社交、娱乐等。

小说中把描述的这个世界称为"metaverse"。"meta"即超越、元；"verse"即宇宙。两个单词合在一起的字面意思是"超越宇宙的世界"，这就是元宇宙最初概念的由来。

如今，《雪崩》中的奇思妙想，正在通过一批科技巨头的不懈努力，借助前沿科技一步步实现。

1.2　元宇宙的诞生及发展

任何一个全新事物的出现，都不是偶然的，都有其必然性。元宇宙的出现，会让我们真真切切地感受到其价值所在，这也是元宇宙存在的意义。

1.2.1　元宇宙诞生的背景

不同领域的人们对元宇宙有不同的认知，但对元宇宙的诞生背景则达成了共识。

元宇宙的诞生，源于以下四个方面的推动。

（1）解决互联网行业发展瓶颈问题

当前，互联网、移动互联网行业的发展已经遇到了瓶颈，用户增幅放缓，人均上网时长的增长也接近停滞。

互联网、移动互联网企业急需寻找一个新的突破点。用户数量以及在线时长通常取决于两个方面：一是给用户带来更加良好的体验，以此带来用户数量的增长；二是深度挖掘用户的时间分配规律，将用户在线下花费的时间想方设法转移到线上。

互联网给人们带来的是一维、二维的虚拟世界，元宇宙给人们带来了三维的、更加立体的、虚拟现实相结合的世界，而且打破了时间和空间壁垒。从用户体验感来看，元宇宙给用户带来的体验是史无前例的。

另外，元宇宙中的人物都是化身后的虚拟人、数字人，而且一位现实用户可以有多个化身存在于元宇宙当中。这样，元宇宙世界中就有了超乎想象的用户数量，这为互联网企业带来了巨大的虚拟人口红利。

（2）解决工业领域发展瓶颈问题

人类发展史，其实是一部工业变革史，工业的发展可以分为四个阶段。

工业 1.0 ——机械制造时代：18 世纪末，人类开始进入蒸汽时代，以蒸汽机取代人力的机械化制造生产诞生，机械生产取代了最原始的手工劳动，使当时经济社会从以农业、手工业为基础向工业、机械制造业转型从而带动经济发展的新模式。

工业 2.0 ——电气化自动化时代：20 世纪初，人类开始进入电气时代，电力的广泛应用促进了生产流水线的出现。这个阶段，在劳动力分工的基础上采用电力来进行大规模生产，与此同时，零部件生产与产品装配的分离得以成功实现，因此出现了产品批量生产的高效模式。

工业 3.0 ——电子信息化时代：20 世纪后半叶，人类开始进入科技时代，电子计算机技术得到了迅猛发展，人类作业被机械自动化生产制造方式逐渐取代。生产效率、分工合作、机械设备寿命、良品率都有了显著的提高。

工业 4.0——智能化时代：在这个时代，全产品生命周期、全制造流程数字化及基于信息技术的模块集成，一种高度灵活、个性化、数字化的产品与服务的全新生产模式也即将形成，是一场从自动化生产到智能化生产的巨大革命。

任何一个时代里，都会因为生产力难以满足生产关系的要求而导致一场工业革命的发生。在智能化时代，机器的生产效率不再成为生产力提升的阻力，而人的创新能力、服务能力则成为发展的瓶颈。

元宇宙作为一个宏大愿景，可以有效解决这一瓶颈问题。在虚拟的数字空间里，所有的数据都在动态变化中不断积累。在虚拟与现实相结合构建起的全新世界里，可以对各种生产数据进行调整，对生产计划进行有效变更，然后将可行的实验验证结果作用于现实工业生产环节当中，实现现实世界中的工业生产和服务的创新。元宇宙对工业领域的意义在于，可以在虚拟与现实相结合的世界里，完成现实世界难以完成的实验，有效降低实验成本和风险，提升现实世界工业创新效率。这就是元宇宙对工业领域发展的一次重要变革。

（3）解决创新性工作瓶颈问题

在现实世界中，人类的工作种类虽然很多，但创新性工作却遇到瓶颈。人们越来越需要寻找一些更具创新性、挑战性的工作进行自我能力的提升。元宇宙则作为一个全新的领域，将为人们提供更多的工作机会，人们完全可以充分发挥自己的聪明才智，找到更加适合自己的工作。

（4）解决人类未来生活方式愿景问题

随着科学技术以及互联网的不断发展，人们对于社会的进一步发展会充满美好的憧憬和希望，并试图描绘一个新的发展形态。元宇宙作为下一代互联网的新风口，代表了人类未来的一种全新生活方式，对人类具有极大的吸引力。

元宇宙可以实现虚拟与现实的连接，丰富人们的感知、提升人们的体验，这正与人们向往的美好未来生活方式不谋而合。另外，在元宇宙世界里，人类可以进行模拟、复刻现实世界，消除了虚拟世界和现实世界的边界，并对现实世界进行延伸和拓展，进而反作用于现实世界，使得现实世界变得更美好。

元宇宙能满足人们的急切需求，这足以说明元宇宙的出现具有必然性。我们完全可以用发展的眼光看待元宇宙的存在，用探索的态度去推动元宇宙在各领域的应用，这样我们就会离元宇宙更进一步。

1.2.2　元宇宙发展的历程

从诞生到火爆，元宇宙经历了以下历程。

（1）1992 年，概念诞生

1992 年，科幻作家尼尔·斯蒂芬森创作的小说《雪崩》首次描述了元宇宙世界的形态，这被认为是元宇宙概念的诞生。

（2）1994 年，创建 2.5D 世界

1994 年，第一个多人互动社交游戏《WebWorld》诞生，这里能容纳万人聊天、能实现用户旅行、实现场景改造。这一游戏也开启了游戏中的用户生成内容（UGC）模式。

（3）1995 年，3D 社交虚拟平台诞生

1995 年，第一个 3D 社交虚拟平台《Active Worlds》诞生，吸引了成千上万的用户，平台用户规模在短时间内迅速增长。《Active Worlds》被看作是 VR 场景的"鼻祖"，用户可以在这个场景中使用基本内容工具对虚拟环境进行改造。

（4）1996 年，真正意义上的虚拟游戏发布

1996 年，第一个通过虚拟现实建模语言构建的模拟城市建造游戏《Cybertown》发布，游戏里的玩家以数字化身存在，并进行城市建造。可以说这款游戏的发布是元宇宙发展的重要里程碑。

（5）2003 年，虚拟世界游戏《Tringo》发布

2003 年，虚拟世界游戏《Tringo》发布，人们在游戏中可以实现社交、购物、建造和经商，甚至进行房地产买卖交易。

（6）2006 年，元宇宙游戏《罗布乐思》诞生

2006 年，一款兼具虚拟世界、休闲游戏和用户生成内容的游戏《罗布乐思》(《Roblox》)诞生，受到了广大游戏玩家的青睐。

（7）2012 年，元宇宙"玩赚"模式诞生

2012 年，一款元宇宙游戏《卢恩传奇》（《RuneScape》）凭借"玩赚"模式快速吸引了 2 亿用户，游戏中的玩家可以真正赚取和拥有属于自己的数字资产。

（8）2013 年，NFT 概念出现

2013 年，NFT 概念出现。作为区块链上的一种资产代币，NFT 可以用于证明资产的所有权。这些资产可以是数字藏品、优惠券、公司股票等。

（9）2019 年，元宇宙游戏中融入了社交功能

2019 年，越来越多的元宇宙游戏中融入了社交功能。比如电影《星球大战：天行者崛起》的预告片在《堡垒之夜》游戏中的露天影院内上线。

（10）2021 年，元宇宙爆发

2021 年，元宇宙成为科技领域最热门的风口，席卷了整个互联网和投资圈，越来越多的互联网巨头开始在元宇宙领域进行布局。与此同时也激起了众多互联网用户对元宇宙世界的遐想。

元宇宙从概念诞生至 2022 年，已经历经 30 年。在这 30 年里，元宇宙一步步向成熟迈进，在不断扩展了人类体验边界的基础上，更使人类对未来产生丰富的想象。

1.3　元宇宙未来的发展

任何一件事物都具有生命周期，生命周期包括不同的阶段。元宇宙作为下一代互联网的新风口，未来的发展非常值得我们了解和探究。

1.3.1　第一阶段：技术变革

从 2021 年元宇宙概念大爆发开始，元宇宙正式进入全面发展阶段。第一阶段是技术变革阶段（2021～2025 年）。在这一阶段，主要是以"社交＋娱乐应用"为主要形式，以达到理想的元宇宙体验所需标准、给用户带来沉浸式体验为目标。

元宇宙得以实现，完全凭借各项前沿技术的融合，包括 VR、AR、区块链、人工智能、通信技术等，从而解决各行业需求和痛点。反过来说，元宇宙的发展也在一定程度上推动这些技术的不断进步。这一良性循环将有效推动元宇宙的持续发展。

另外，市场用户群体对虚拟现实中的超大宽带、超高显示效果等提出了更高要求，这又推动了 5G、VR、AR 等虚拟现实底层技术的进步，从而助力元宇宙的加速落地。VR、AR 设备主要是解决眩晕问题，使画面能够尽可能逼近现实世界，达到为用户提供更高技术含量、更新奇、更丰富、更加多元化体验的目的。5G 技术主要解决的是网络传输速度而导致的卡顿、时延等问题，这一过程使 5G 技术加速向 6G 技术迈进。

当前，元宇宙的发展重点还是基础设施硬件和底层技术，技术变革是元宇宙持续发展的第一步。因此，VR/AR 设备、通信网络建设、云计算、人工智能芯片等的变革和迭代，是元宇宙发展第一阶段的重头戏。

1.3.2　第二阶段：工业变革

元宇宙发展的第二个阶段是工业变革阶段（2026～2030 年）。这一阶段，主要是以云计算、人工智能、通信网络技术等的完善和应用发展为主线。

随着云计算、人工智能、通信网络技术、数字孪生的进一步迭代，工业领域的发展接轨元宇宙，能得到更进一步的发展，实现工业变革。主要体现在以下两个方面。

（1）生产模式得到全面创新

现阶段的工业生产中，对一件产品进行创新往往需要耗费很多时间成本、人力成本、物力成本，试错成本高。

元宇宙工业时代，在数字孪生技术的作用下，可以构建一个与现实生产车间几乎无异的车间空间，可以将现实车间中的机器设备等映射到元宇宙空间当中，并在这个空间里进行创新性生产，完成现实车间中难以完成的创新性试验。设计师无须担心试错成本，可以大胆进行尝试。这样的创新空间有助于设计师尽情地进行创新与创作，打造出更多仅凭现实条件难以完成的具有创造性的产品。

（2）生产效率得以全面提升

工业元宇宙阶段，应用场景覆盖了从研发到售后服务的各个环节，通过虚实结合实现工业模式的改进和优化，形成全新的制造和服务体系。传统工业制造中，设计、打样、量产、交付之后才能获取资金流。元宇宙发展带来工业变革，通过实时数据传输、产品高精度建模及工厂全面仿真技术，实现传统生产模式的进一步改进和提升，在一定程度上降低生产成本、提高生产效率、提升生产各环节的协同效率，有效促进工业的高质量发展。

元宇宙发展的第二阶段，将为元宇宙赋能工业领域奠定基础，加速工业领域向工业元宇宙转化的进程，也将成功加速一个全新的元宇宙经济体系的建立。

1.3.3　第三阶段：终极形态

元宇宙发展的第三个阶段是终极形态阶段（2030年之后）。经过前两个阶段的发展，元宇宙已经能够与各个行业之间产生千丝万缕的联系，元宇宙在各行业中的应用也实现普及化、商业化。这些也都表明，成熟的元宇宙体系已经逐渐成型。

在终极形态阶段，元宇宙将为人类带来更多超乎想象的潜力，产品创新和商业模式创新已经成为常态。

届时，在渐进式发展过程中，人类社会迎来数字化生存、工作和学习阶段，科技与人文结合，为人类的体验和效率赋能。各产业发展融入元宇宙，向着终极元宇宙靠近，并持续获得更多的投资机会。

如同 20 多年前互联网出现之时，我们对互联网的发展产生诸多想象和预测，无论再多的想象和预测，都难以精准说明未来的变化。如今，元宇宙承载了更多的前景和潜力，我们所做的一切想象和预测，同样存在不精准性。

未来元宇宙的各个发展阶段究竟是什么样子，我们拭目以待。

1.4　对元宇宙的三大理解误区

不同领域对于元宇宙有不同的认知，但很多人对元宇宙的理解还存在误区。摒弃这些误区，我们才能对元宇宙有更好地、更正确地认知。

1.4.1　误区一：元宇宙就是电子游戏

由于当前在很多游戏中都有元宇宙的身影，所以就给很多人造成一种误解，认为元宇宙就是电子游戏。事实上，元宇宙与电子游戏并不能划等号。原因有以下两个方面。

（1）游戏是元宇宙落地的最早形式和最好渠道

游戏正在一点点地打开元宇宙的大门。那么为什么元宇宙首先应用在游戏中呢？因为游戏具有以下两个天然优势。

①能给用户带来优质体验

用户可以以数字化身的形式进入元宇宙游戏中，除了做任务升级，游戏中还可以融入其他项目，如创造属于自己的数字资产、进行社交互动等，这与传统游戏相比，能给玩家带来更好的游戏体验。

②构建完整经济体系

元宇宙游戏中，玩家可以做生意赚钱、买入和卖出数字资产，从而形成一个可持续发展的经济体系。这也给了更多玩家进入和参与的理由。

基于这两个优势，元宇宙中的数字资产、数字身份、经济体系、文明设定等诸多要素，可以在游戏中体现；如 VR/AR、区块链、通信网络技术等相关技术，可以更好地呈现游戏中的各种功能、游戏体验。游戏接入元宇宙，可以整合多种前沿技术，构建一个虚实相融的全新数字文明生态。

游戏中的人物、物体、场景向我们更好地诠释了元宇宙的真正内涵，让我们更好地认识了元宇宙。

（2）游戏与元宇宙之间存在根本区别

游戏和元宇宙之间存在的根本区别就是"中心化"与"去中心化"。

虽然游戏具备构成元宇宙的基础条件，但两者之间最大的区别就是游戏中的身份系统和经济系统的特点是"中心化"，而元宇宙则是"去中心化"。

在传统游戏中，玩家的游戏道具、个人资产等都在游戏厂家的掌控之中，一切交易方式都由游戏厂家说了算，玩家只能按照游戏厂家指定的游戏规则去升级人物和完成交易。如果玩家不按这种规则去玩游戏，面临的是要么被"封号"，要么主动退出游戏。除此以外，玩家的身份、角色也都由游戏厂家来设定，玩家只能在设定好的角色中进行选择。游戏厂家可以随时决定你的账号是否存在，所以玩家的游戏身份并不能自己做主，自己掌控。

在"去中心化"的元宇宙世界里，没有预先设定好的剧本，也没有现成的角色去选择，玩家可以自由设定自己的数字化身份，自由设定游戏规则，一切都由自己说了算，玩家享有极大的自由度。

所以，将元宇宙看作是电子游戏，是一种误解。

1.4.2 误区二：元宇宙等同于虚拟世界

元宇宙是一个与现实世界平行的全新世界，这个世界并不是在现实世界中真实存在的，因此有很多人会认为，元宇宙就是与现实无关的虚拟世界，其实不然。

元宇宙虽然在现实世界中不存在，但这并不意味着元宇宙是一个与现实世界完全割裂的虚拟世界。元宇宙本质上是借助前沿科技对现实世界的虚拟化、数字化，在元宇宙世界里，人们可以进行内容生产、构建经济系统，获得沉浸式体验，甚至可以通过在元宇宙世界中不断进行常识性试验，作用于现实世界，为现实世界更好地服务，让现实世界变得更加美好。

除此之外，元宇宙与现实生活之间还有着更多的联结，能够在虚实之间实现更多的情感、知识、工作、商业等交互场景。

可以说，元宇宙并不等同于虚拟世界，而是虚拟与现实相结合的世界。

1.4.3 误区三：元宇宙就是 VR/AR

人们通过 VR/AR 头显设备可以更好地接触元宇宙，感受元宇宙的存在，因此有不少人会认为元宇宙就是 VR/AR。这种观点是错误的。

人们在佩戴 VR/AR 头显设备后，就能进行元宇宙游戏和电影等项目，但 VR/AR 头显设备只能让人们从视觉和听觉上感知模拟物理环境中的人物、事物、场景，使人获得沉浸感、存在感，并产生逼近现实的体验。沉浸感是元宇宙的基石，没有沉浸感就谈不上元宇宙。

但能够让人产生沉浸感的 VR/AR 头显设备，只是让人们进入元宇宙的一种工具，并不能算作元宇宙。另外，真正能够感知的元宇宙是需要模拟五感的，而且需要将现实世界平移到元宇宙当中。而目前的 VR/AR 技术还没有真正达到模拟真实五感的阶段。

第二章
探寻元宇宙颠覆
互联网的奥秘

　　元宇宙是一个平行于现实世界的虚拟空间，是下一代互联网的新风口。从对人类社会影响的深远意义上来讲，元宇宙可以与互联网比肩。但用发展的眼光去看，元宇宙是对互联网的一种迭代和颠覆。探寻元宇宙颠覆互联网宇宙的奥秘，我们会发现更多有关元宇宙的秘密。

2.1 元宇宙的五大特性

在全面探索元宇宙奥秘的过程中，我们需要了解元宇宙的五大特性。

2.1.1 人物数字化

俗话说"有人的地方，就有江湖。"如果将元宇宙看作一个江湖，就必然需要人的运作。

元宇宙世界中的主角是虚拟数字人。现实世界中的人进入元宇宙这个虚拟与现实相结合的世界，就会以数字化的形式存在于这个全新世界里。

虚拟数字人构建的过程主要基于以下三种技术的推动。

（1）建模技术

建模技术包括静态扫描建模和动态光场重建。

在静态扫描建模的作用下，重建的人物几何模型具有高视觉保真的特点，而且可以获取动态人物模型的相关数据。

动态光场重建其实就是进行人体动态三维重建和光场成像，这使打造的虚拟数字人更加逼真。

（2）动作捕捉技术

借助动作迁移技术将人物的动作迁移至数字人，是虚拟数字人动作生成的主要方式，其核心是动作捕捉技术。

动作捕捉技术包括对人物的光学动作捕捉、惯性动作捕捉、视觉动作捕捉，从而使虚拟数字人的动作更具真实感。

（3）渲染技术

在渲染引擎的作用下，对人物外貌、表情、毛发、皮肤、毛孔等进行高度克隆，使虚拟数字人更加生动逼真。

在这三种技术的驱动下，元宇宙中的用户具有了个性化、虚拟化、数字化化身，这些化身都具有了感知力、表达力、互动能力，非常有代入感，与他们有关的生活、社交、生产、工作、学习等互动，也都会让人觉得一切像在现实世界中发生的一样。这就是人物数字化特点下的元宇宙空间。

2.1.2　强社交性

在现实世界里，人与人之间的关系离不开社交。在元宇宙世界里，虽然人们是以数字化身的形式存在，但元宇宙世界能够正常、有序运行，同样离不开人与人之间的交流和互动。所以，强社交性是元宇宙世界的一个典型特征。

从面对面交流，到书信往来，到手机通话与短信，到手机视频，人们的社交一直在向着更高的形式升级和迭代。

元宇宙作为一个虚拟与现实相结合的平台，对社交互动进行了重新定义。在数字化的加持下，社交方式和社交媒介也发生了颠覆性变革。人与人的互动方式已经从以往简单的文字、语音、图片和视频的形式，扩展到了突破时间和空间限制，并延伸至购物、观看演唱会、玩游戏等。这些身临其境的社交体验与以往的社交互动相比，进一步打破了线上与线下的界限，打破了虚拟与现实之间的界限。人与人之间的社交关系变得更加便捷、密切和直接，而且具有更强的沉浸感。

另外，元宇宙中的社交是由不同场景构建的社交生态。元宇宙为每一位参与者提供了丰富的线上社交场景，其具有 3D 可视化、强交互性、沉浸式等特征，能够拉近元宇宙中陌生用户之间的距离。在具有社交属性的元宇宙世界里，人们之间可以实现自由交互。在通信网络技术的推动下，人与人之间能实现实时社交与互动。

如果说面对面交流是社交 1.0，书信往来是社交 2.0，手机通话与短信是社交 3.0，手机视频是社交 4.0，那么元宇宙时代的社交形式，则可以看作是社交 5.0。

元宇宙平台可持续的关键就在于社交。在元宇宙平台上，如果没有人与人之间的交互，那么这个平台就变得索然无味。当用户在元宇宙社交生态中获得了情感、娱乐等多方面的满足，就会愿意花更多的时间停留在元宇宙平台上。可以说，如果缺少了社交属性，元宇宙将无法成功实现，更无法持续存在。

2.1.3 体验沉浸性

近几年，人们对沉浸感的需求越来越强烈，无论是游戏、购物，还是观看影视作品，普通的、浅层次的体验已经无法满足消费体验需求。体验感已经成为广大用户非常注重的一个方面。

元宇宙是由多种前沿技术打造而成的虚实相通的互联网社会形态，而沉浸感则是元宇宙的重要特性。什么是"沉浸感"？沉浸感就是玩家专注于游戏设计目标，在设计过程中感到的愉悦和满足，使其忘记了现实世界的情境。概括起来，就是"投入"。当玩家真正沉浸在其中时，其情绪也会随之不断波动，这就是沉浸感最直接的体现。

在元宇宙中，沉浸式体验感十分强烈。而科学技术是推动元宇宙概念落地的支撑。VR/AR 技术则在其中起到了极其关键的作用。

用户借助 VR/AR 头显设备、触觉手套等进入元宇宙，感知元宇宙的各种应用场景，获得各种逼近真实的视听、嗅觉、味觉、触感体验。比如，当你进入元宇宙之后，你会看到迪士尼乐园中高耸入云的城堡，会听到不绝于耳的音乐，以及美丽的公主，你可以看到、听到甚至可以直观地感觉到所有一切，仿佛你就是迪士尼乐园中的一员。这在体验的拟真度上带来了质的提升。

比如，元宇宙游戏《动物森友会》之所以火爆，就是因为其沉浸感做得很好。这款游戏中，玩家可以不受规则限制，把自己的无人岛建设成想要的样子，而且一切节奏都由自己把控。有的玩家将无人岛开发为防疫岛；有的玩家在岛上开发了果园，开启了电商平台一样的卖水果模式；有的玩家则在岛上创建了脱贫攻坚活动；有的玩家则在岛上邀请好友参加自己的婚礼；有的玩家在岛上宣传消防知识……

《动物森友会》可以说是当下元宇宙领域打造沉浸式游戏中的天花板，通过细节化、现实化场景，如风吹花朵摇摆、装修时会传出机器切割声音、蝴蝶飞行时翅膀的动作等，使整个游戏更具代入感，而且游戏里的时间与日期和现实世界完全同步。这些细节化的东西让玩家获得了极致的沉浸式体验，使无数玩家爱上了这款游戏。

体验沉浸性是元宇宙的一个重要特性，可以让我们"身处元宇宙却感觉不到身处元宇宙"。

2.1.4　内容多元化

元宇宙具有开发创作潜力的作用，在元宇宙中，玩家可以充分发挥自己的想象力和创造力去打造自己想象中的美好世界。因此，元宇宙的一个重要特点就是内容多元化。

元宇宙支持不同方式的自制内容扩展，但元宇宙中的内容并不是由专业产生内容（PGC）主导，而是由用户生产内容为主导打造的虚拟与现实相结合的世界。各行各业的用户都可以进入元宇宙世界，进行内容创作。

可以说，元宇宙具有可编辑性，是内容创作的载体，允许用户、内容生产者自由添加、修改内容。用户借助元宇宙中的可编辑性技术工具，在元宇宙中进行包括文字、图片、音频、视频等方面的内容创作，而且这些内容并不限于多维度、多层级的模型建设，更是实现了艺术性、体验性、技术性的有机结合。

2022年，很多沙盒游戏❶会降低内容创作门槛，吸引更多玩家直接参与到游戏创作中，使很多现实世界的元素内容被玩家直接添加到原本的游戏当中。

也正是这种多元化内容，使元宇宙能够实现现实生活中的各种场景，还能打造出各种现实生活中不可能存在的奇幻空间；也正是元宇宙世界具有极高的创作自由度，使元宇宙世界在多元化内容的驱动下具有长久的活力。

2.1.5 开放性

除了人物数字化、强社交性、体验沉浸性、内容多元化，元宇宙还有一个重要的特点就是开放性。

元宇宙的开放性特点，体现在以下三个方面。

---

❶ 沙盒游戏由沙盘游戏演变而来，自成一种游戏类型。能够改变或影响甚至创造世界是沙盒游戏的特点。

（1）表达自由

每个人心中都有一个美好的梦想，每个人都希望能够自由表达自己内心的想法。元宇宙恰好为人们提供了一个自由表达的平台，用户可以自由设定自己的数字化身形象、职业，凸显自己的个性。这些都是元宇宙表达自由的体现。

（2）交易自由

元宇宙中，用户可以自由创作内容，打造数字化商品，还可以在其中进行交易。所有的交易都是在玩家自由、自愿、自主的条件下进行。

（3）创作开放性

元宇宙中，用户可以自由创作，构建自己理想中的游戏规则，打造自己心目中的美好世界。在元宇宙中，参与到数字世界构建中的用户，既是数字世界的消费者，也是建造师，这体现的就是元宇宙创作的开放性。

元宇宙是一个开放的数字世界，也正是因为这种开放性，使元宇宙实现了自治和永续。

2.2　元宇宙落地的技术条件

元宇宙是众多前沿技术的结合体，从概念到落地，离不开资本推动，但更重要的是技术的支撑。元宇宙落地所需的技术主要包括人工智能、区块链、扩展现实、通信网络、云计算、数字孪生等。

2.2.1　生产逻辑：人工智能

元宇宙落地的技术条件最重要的就是人工智能（AI）。人工智能包括计算机视觉、机器学习、自然语言处理、智能语音四个部分。

计算机视觉是利用摄像机和计算机模拟人眼，对物体进行识别、跟踪和测量，然后将结果做图形处理，便于人眼或仪器检测。

机器学习是人工智能的核心，可以让机器获得与人一样的学习能力，进行与人一样的学习行为，从而不断提升其性能。

自然语言处理主要包括两个方面：自然语言理解和自然语言产生，自然语言处理可以实现元宇宙中人与人之间、人与数字人之间的自然语言通信，使计算机可以理解自然语言文本，表达特定意图等。

智能语音可以使机器接收语音信号并将其转变为相应的文本或命令，有效扫平元宇宙中交互的语言障碍，让元宇宙中的交互变得更加简单化。

元宇宙是一个将虚拟世界与现实世界相结合的全新世界，人工智能的算法及学习模型为元宇宙的成功落地提供了最底层的技术支撑。有了人工智能，就可以借助计算机视觉、机器学习、自然语言处理、智能语音等技术实现以下三个方面的应用。

（1）内容创作

为创作者提供更加便捷的服务工具和可持续的学习能力，从而推动创作者对元宇宙进行场景建设，实现元宇宙的自发、有机生长。另外，对于一些重复的素材和脚本设计等简单工作可以使用人工智能技术来完成，创作者则腾出更多的时间和精力进行核心内容的打磨。

（2）内容呈现

在人工智能的驱动下，利用自然语言理解和自然语言产生，可以即时翻译不同国家的语言，让进入元宇宙的不同语言的用户能够实现无障碍沟通。同时，借助人工智能还可以学习用户声音，将元宇宙的内容有效呈现给用户，给用户带来高沉浸感和多样性体验。

（3）内容把控

用户可以在元宇宙中自由创作，于是，对内容的把控不可或缺。对于那些人工无法完成的内容审核、把控工作，可通过人工智能来完成。

在建设元宇宙的路上，人工智能贯穿于元宇宙的整个生态链，从内容生产、内容把控到内容发布的全过程都能起到重要的支撑作用。人工智能不仅能为元宇宙创造丰富的场景和内容，还能使用户的感官被开启并放大，以虚拟数字人的身份置身其中，参与互动与分享。总之，人工智能让元宇宙更加富有沉浸感、更加多元化，使元宇宙越来越接近理想状态。当然，人工智能是元宇宙落地的技术条件，但反过来说，元宇宙也能推动人工智能技术的发展。

2.2.2　认证机制：区块链

元宇宙给我们未来的生活、工作、学习、社交、娱乐、消费带来前所未有的颠覆，但这一切的实现离不开区块链的推动作用。

虽然元宇宙可以看作一个由众多技术集合而成的存在，但在这些技术中，没有区块链的加入，也就不可能有元宇宙世界的成功构建。甚至可以毫不夸张地说：没有区块链的元宇宙就没有灵魂。

区块链主要依赖于四大核心技术创新，分别是分布式账本、非对称加密和授权技术、共识机制、智能合约。

分布式账本是一种在网络成员之间共享、复制和同步的数据库。换句话说，分布式账本的作用就是记录网络参与者之间的交易数据。分布式账本在应用中不仅能降低成本、提高安全性、具有时效性，而且在可追溯性等方面有着不容小觑的作用和价值。

非对称加密是由对称加密演变而来的。通常一把钥匙开一把锁，对称加密就是对于两个上了锁的箱子，两个人只有各自拿着对应的钥匙，才能打开两个箱子，将两个箱子里的东西进行交换。非对称加密，就是有一个公钥和一个私钥，公钥可以向其他人公开发布，用于发送方加密要发送的信息，私钥则保密，用于接收方解密接收到的加密内容，而其他人无法通过该公钥推算出相应的私钥。虽然在区块链上所存储的交易信息具备公开、透明的特点，但是每个阶段上存储的相关身份信息却是高度加密的，其他用户如果没有数据拥有者的授权，或者说没有私钥就想使用这些数据信息，是难以实现的，从而保证了数据的安全和个人的隐私。

共识机制就是在一个时间段内对事物的前后顺序达成共识的一种算法。简单理解就是：在区块链中，所有的节点都拥有一份一模一样的，并且能够实时更新的共识文档。没有中央权威机构来控制最终的共识，所有节点都能有一个备份。所以，没有谁是可以成为这个共识的控制者。每次共识协议发生变化时，所有的节点所获得的共识文档也会发生改变。共识改变需要修改记录时，需要有一种规则进行约束，从而保证记录的真实性，这个规则在区块链中就是共识机制。

智能合约即把合约的条款写成代码的形式存放在区块链当中。一旦合约的条款触发了某一条件，那么这个代码就会自动执行，即便有人想违约也很难实现。

基于以上技术，区块链在元宇宙落地的过程中起到什么作用呢？

（1）资产确权与价值归属

区块链保护了用户在元宇宙中对所创造商品的所有权。当用户创造出来数字商品之后，其创造行为、过程性产出都将被以数字化的形式记录在区块链上。这样，就可以借助区块链的可追溯性，证实该数字商品的全链路记录，实现对用户在元宇宙中所创造的数字化商品的资产确权与价值归属，实现对权利的保护。

（2）资产价值流转

区块链可以对元宇宙中的资产进行确权，但确权是对静态资产而言，只有资产流动起来，确权才有意义。

元宇宙中，借助区块链对数字资产进行确权，并利用资产权力人签名的可验证凭证进行资产使用的授权，能实现元宇宙世界里的资产价值流转。在智能合约的作用下，有效降低了泄露风险。这样，对于那些具有唯一性、不可复制性的数字资产可以高效、透明、安全地进行交易，实现价值流转的同时，也为元宇宙闭环经济体系建设创造了基础。

（3）数字身份管理

元宇宙中，用户都是以数字化身存在的。这种数字身份其实是在区块链平台中以特定格式的字符、代码进行表示，并借助公钥与私钥对自己的身份进行管理。想要对数字身份进行任何指令性操作，都必须使用私钥进行签名和授权。因此，区块链技术很好地满足了元宇宙中对身份数据存储模式进行自定义处理的需求。

区块链可以实现在元宇宙中所创造的数字资产的确权与流转，实现对数字身份的管理。区块链在加密行业里，为元宇宙增添了一抹亮色。

2.2.3　虚实界面：扩展现实

元宇宙是平行于现实世界，实现现实世界与虚拟世界相结合的全新世界。而扩展现实（Extended Reality，XR）是探索元宇宙的入口，是提供元宇宙沉浸式体验的技术条件。

扩展现实是通过计算机将真实与虚拟相结合，打造一个人机交互的虚拟环境。XR 是 VR、AR、混合现实（Mix Reality，MR）❶ 三种技术的统称。

（1）VR、AR、MR 技术

① VR

VR 是一种可以体验虚拟世界、感知虚拟世界、在虚拟世界实现交互的技术。

VR 的特点是沉浸度高、交互性强。低端的 VR 技术不具备交互作用，通常用作播放器；中高端的 VR 技术可以进行手势交互。

用户借助 VR 头显设备可以进入一个完全不同的世界，用户看到的是一个立体、虚拟的环境，还可以在虚拟世界中进行互动，更好地沉浸在仿真环境当中，但旁观者则看到用户依然处于现实世界当中。

② AR

AR 的特点是实现真实世界和虚拟世界信息的集成，具有实时交互性。

借助 AR 头显设备，可以在突破时间、空间及其他客观限制的基础上，给人们带来在现实世界中无法亲身经历的体验。

③ MR

MR 是在 VR 技术上的进一步发展。通过在虚拟环境中引入现实世界中的信息，为在虚拟世界和现实世界的用户之间搭建起一个信息反馈渠道，从而增强用户体验的真实感。MR 的特点是将现实世界与虚拟世界混

---

❶ 混合现实在虚拟现实和增强现实技术的基础上发展起来的，通过将虚拟世界中引入现实场景信息，在虚拟世界、现实世界与用户之间搭建一个信息交互反馈的回路，以增强用户体验的真实感。

合在一起，允许用户同时保持与现实、虚拟世界的联系。

借助 MR 头显设备，用户能够获得亦虚亦实、亦真亦幻的体验，但在旁观者看来，用户自身依然处在现实世界中。

（2）扩展现实技术的作用

扩展现实技术在元宇宙落地的过程中，起到的作用有以下两个方面。

①进入元宇宙

进入元宇宙需要借助能够将现实世界与虚拟世界相连接的工具。扩展现实技术为打造进入元宇宙的交互设备奠定了技术基础。

②提供沉浸感

扩展现实中，无论是 VR、AR、MR，都能够将现实世界与虚拟世界联系起来，能让进入元宇宙的用户通过媲美现实世界的清晰度、色彩饱和度与对比度，以及超强立体感的画质效果，获得身临其境的体验，甚至获得超越现实世界的真实感。

总体来看，扩展现实以优异的性能为元宇宙用户带来更加沉浸、舒适的体验感，与其他前沿技术相结合，未来元宇宙生态将变得更令人期待。反过来，元宇宙也在一定程度上推动 XR 技术的发展。

2.2.4　网络环境：通信网络

元宇宙的成功落地，也需要通信网络技术的支撑，否则构建元宇宙所做的一切都是徒劳的。

通信网络技术的发展历经了以下五个阶段。

第一阶段：1G 时代，即音频传输时代，这一阶段的数据传输速度为 2.4Kb/s，因此只能实现语音信号的传输，不能上网。

第二阶段：2G 时代，即"音频＋文字"传输时代，这一阶段的数据传输速度达到了 14.4Kb/s，进入了可以上网的初级时代。

第三阶段：3G 时代，即图像传输时代，这一阶段的数据传输速度可达到 2Mb/s，网络逐渐开始普及。

第四阶段：4G 时代，即"视频＋数据"传输时代，这一阶段的数据传输速度可达到 100Mb/s，网络普及到了千家万户。

第五阶段：5G 时代，即"视频＋数据"传输时代，数据传输速度可达 100Gb/s，网络广泛存在于生活中的每一个角落，可实现随时随地上网，网络实时传输，低时延。

相比较而言，5G 时代的网络得到了突飞猛进的发展，其高速率、大带宽、低时延的特点，能够支持元宇宙所需要的大量应用创新。主要体现在以下两个方面。

（1）提升场景体验

XR 设备要想很好地为用户呈现元宇宙中颇具沉浸感的画面，就需要更高的分辨率，这就对通信网络提出了更高的要求。在通信网络的加持下，才能借助 VR、AR、MR 等设备打开虚拟世界大门，并以更加优质的画面，让人们在元宇宙中获得实时、流畅的场景体验。

（2）满足随时随地接入元宇宙需求

进入元宇宙不仅需要各类元宇宙终端设备，还需要能够随时随地接入元宇宙的网络。元宇宙对低时延提出了很高的要求，而当前的5G网络就可以通过低时延特点，实现现实和虚拟世界通信网络同步，很好地打破虚拟和现实的屏障，使得人们能随时随地进入元宇宙。

目前，5G网络凭借其高速率、大带宽、低时延的特点，为元宇宙的广泛场景体验和多样化技术融合提供了重要的技术支撑。元宇宙从概念走向成熟，是一个长期演进的过程。随着元宇宙的更多创新性应用的出现，必定会对通信网络提出更高的要求。届时，在元宇宙迈向成熟的路上可能出现一定的技术瓶颈。未来6G时代的到来，将满足元宇宙对通信网络更高的技术需求，将助力现实世界与虚拟世界更深层次的融合。

2.2.5 算力基础：云计算

元宇宙的实现是科技进步的结果。不论人工智能、区块链等技术的发展，还是扩展现实、通信网络等技术的进步，都是元宇宙发展的重要推手。元宇宙的实现还需要一个重要的技术条件，那就是云计算。

云计算是基于通信网络，在远程数据中心，将成千上万台电脑和服务器连接在一起，然后按照需求进行运算，从而实现资源的高效整合与利用。

（1）云计算的技术基础

云计算需要借助四大技术来实现，包括虚拟化技术、分布式计算技术、海量数据管理技术、信息安全技术。

①虚拟化技术

虚拟化技术主要是将一台服务器上的 CPU、内存、硬盘等资源进行虚拟化，整合成一个虚拟化资源池，然后再将虚拟化资源池划分成多台虚拟服务器。虚拟化技术的作用就是合理调配计算机资源，使其能够更加高效地提供计算服务。

②分布式计算技术

有的应用需要非常强的计算能力才能完成，如果集中计算，则过于耗时。分布式计算技术将比较大的数据进行分割后再进行计算，最后将各个结果整合到最终的计算结果当中。分布式计算技术可以提高计算效率。

③海量数据管理技术

云计算通常将数据保存在不同的电脑设备当中，这样就可以分担存储负荷，还有利于数据的扩展，能够快速响应用户需求的变化。有效保证了数据的高可靠性、可用性。

④信息安全技术

信息安全技术主要是对云计算中的数据进行保护、备份，从而确保云计算信息的安全。

基于以上技术，云计算具备了动态扩展、强兼容性、高可靠性的特点。

（2）云计算的作用

云计算在元宇宙成功构建的过程中，起到了以下两个作用。

①解决算力激增的问题

在构建元宇宙的过程中，需要输入很多参数，而这些参数要比键盘指令复杂很多，有大量程序需要计算，导致数据量暴增。这就需要更强的算力来解决。算力越强，则越有利于元宇宙的构建。如果依靠普通的计算机设备来运行计算程序，显然难以满足要求。云计算凭借其四大技术支撑能够很好地解决算力激增的问题。

首先，传感设备会将用户输入的参数收集到云端进行运算，其次，转换成元宇宙可以理解的参数，从而让元宇宙里的虚拟数字人可以动起来或下达指令。有了云计算的支撑，元宇宙这个虚实结合的世界才能更加生动地得以呈现。

②助力其他技术更好发力

元宇宙的世界里用户需要利用人工智能、3D 技术进行建模，这些功能的实现都需要云计算在背后做支撑。

在元宇宙中，一切超写实的人物、物体、场景都是虚拟化的。在模型构建时需要大量的算力来渲染，及时地进行信息反馈也需要强大的运算能力。

比如，人工智能计算公司英伟达在一次 GTC 大会（全球知名 AI 开发者大会）上曾用几秒的时间展示了构建的元宇宙三维虚拟人物，该人物是其首席执行官黄仁勋的数字化身。在打造这个三维虚拟人物的时候，30 多位工作人员先使用一种光线追踪技术对黄仁勋本人进行扫描，再从各种角度拍摄几千张黄仁勋的照片，之后将扫描和照片数据上传到英伟达开发的虚拟协作平台，并对前期的扫描结果和照片数据信息进行计算，最后借助人工智能技术进行虚拟人物模型的合成，达到以假乱真的效果。在进行虚拟人建模时需要大量的数据，要想搭建一个逼真的元宇宙世界，则需要更加强大的云计算来支撑。

无论是解决算力激增的问题，还是助力其他技术更好地发力，都证明元宇宙是云计算可以大量赋能的一个领域。有了云计算的助力，人们构建元宇宙的美好愿景得以高效实现。

2.2.6　数字映射：数字孪生

元宇宙成功落地，除了需具备以上技术条件，还需要一个关键技术，那就是数字孪生。

数字孪生，从字面意思来看，就是通过数字的形式来构建一个与本体一样的个体。本体可以是人、物，也可以是场景、环境。更为专业的解释就是：用数字技术对现实实体进行模拟仿真，为其创造一个数字版的孪生体。更为直观的理解就是，数字孪生体就是一个现实世界实体的数字化双胞胎。

数字孪生的特点是以现实世界物体为基础建立一个虚拟数字镜像，而且这个镜像会随着现实世界物体的变化而变化。实现数字孪生的基本原理是：在对物理世界的实体进行数字化精确建模，并对其状态信息进行实时传感的基础上，对这个实体进行数字化模型的映射，使得数字化模型能够实时、真实反应物理系统在现实世界的行为，并通过人工智能、云计算实现对系统当前状态的精确分析，以及对其未来状态的科学预测。

数字孪生在元宇宙落地的过程中，起到的作用主要体现在以下两个方面。

（1）构建更加逼真的元宇宙世界

数字孪生技术可以以 1∶1 的方式，将现实世界中的物理元素复刻并投影到元宇宙世界当中。这样，元宇宙中的所有人、物、场景、环境等与现实世界一致，元宇宙呈现出逼近现实世界的景象。可以说，数字孪生技术使现实世界的物理元素、逻辑规律通过复制、延伸和增强的方式，形成一个"克隆宇宙"，并在其中完美重现现实世界的运作流程，包括交互和体验。这个"克隆宇宙"就是元宇宙。

（2）构建活的智慧体

数字孪生不仅可以复刻现实世界，构建现实世界中的数字化镜像，还可以复刻现实世界中的各种规则与规律，如物体在视觉上的远小近大和光线的折射、反射规律等，还能直接接收现实世界的实时信息，具备自主演化能力，并能够反过来实时驱动现实世界向着更加美好的方向发展。可以说，基于数字孪生技术而打造的数字孪生体与现实世界中的生物一样都是活的智慧体。

总之，数字孪生技术是构建元宇宙的基石。数字孪生与扩展现实、人工智能、云计算、通信网络等前沿技术的协同创新，加速了元宇宙从概念到成熟落地的过程。

2.3　解密元宇宙的本质

虽然当前元宇宙还处于探索阶段，但人们对元宇宙的青睐程度却一路高涨，不但巨额资本投向元宇宙，而且各国科技巨头纷纷抢占元宇宙先机。因为无论投资者还是各国科技巨头，都希望搭上元宇宙这趟车，寻找更多的赚钱机会，提升综合实力。解密元宇宙的本质，可以帮助我们更好地了解元宇宙，掌握入局元宇宙的方向。

2.3.1　人类生存环境的拓展

当前，我们生活的环境可以分为线下和线上。

在网络出现之前，我们的生活、生产、工作、学习、娱乐、社交、消费等都在线下进行。随着网络的出现，人们的一部分生活迁移到了线上，人们可以在线上聊天、购物、娱乐，甚至工业制造的部分流程也需要在线上完成。

虽然网络的出现在一定程度上拓展了人类生存环境，但线上生存环境是一种虚拟生活环境，并不能像传统线下生存环境一样真实，并不能为我们带来接近现实的真实体验。

元宇宙的出现，使得现实世界和虚拟世界紧密结合。未来元宇宙世界发展足够成熟，人类将同时生活在现实和虚拟两个世界当中，而且两个世界对于人类而言重要性相当。在这种全新的综合生存环境中，人类的生存环境空间得到了大幅拓展。

2.3.2 人类感官维度的拓展

通常，我们通过眼睛直接感受物体的色彩、形状、大小；通过耳朵直接获取外界事物的声音；通过皮肤触感直接感受物体的材质、纹理；通过嘴巴直接品尝食物的滋味；用鼻子直接嗅到物体的味道。

在元宇宙世界里，人们借助各种扩展现实技术进入元宇宙当中，如VR头显设备、AR头显设备、触觉手套等，这些设备让人们间接感受元宇宙中的一切，获得超乎现实的视觉、听觉、触觉、嗅觉和味觉体验，并且与现实感官密切交织。这种全新的感官体验可以说是人类感官维度的一种拓展。

2.3.3 人类思维空间的拓展

人类有自己的思维方式，而且人类思维在不断的进化中得到拓展。随着人类对现实世界生存规则、奥秘的探索，人类的思维得到了全方位开发，既具有一些相对简单的思维方式，如顺序思维、逆向思维、模仿思维、直觉思维、本能思维、习惯思维，又具有一些更高程度的思维，如逻辑思维、类比思维、转化思维、发散思维、抽象思维等。从简单到高级，代表了人类思维方式的进化。进化程度越高，思维种类越多，思维方式也越高级。

元宇宙是一个超越现实，实现虚实相融的全新世界。人们会对这个全新世界充满好奇，从而更加深入地思考和探索。这又进一步拓展了人类思维的边界，使人类对元宇宙的运转规则、经济运行、法律问题等产生新思考。

2.3.4　下一代沉浸式互联网

元宇宙概念在 1992 年就已经被提出，但在近期才迅速火爆，其中一个原因就是元宇宙被认为是下一代沉浸式互联网。

（1）互联网发展历程

为什么元宇宙被认为是下一代沉浸式互联网呢？我们从互联网发展历程中，就能发现端倪。纵观网络技术的发展史，到目前为止，先后经历了PC 互联网时代、移动互联网时代。

① Web 1.0 时代：PC 互联网时代

在互联网时代，个人电脑终端出现，人们使用网络技术主要进行网页浏览，获得文字、图片形式的内容。主要的应用软件是百度、QQ、BBS 论坛等。在这个时代，用户只是单纯的内容消费者，网站为内容提供者，用户之间只有很少的交流和互动。

②Web 2.0 时代：移动互联网时代

在移动互联网时代，随着智能手机的普及，人们从 PC 互联网时代的搜索、网页浏览逐渐转向了线上社交、电子商务。这个时代，视频内容、视频娱乐、移动支付、直播带货等模式出现，主要的应用软件包括微信、抖音、支付宝、饿了么等。人们可以通过网络进行社交、分享日常，用户由被动接收信息转变为主动创造信息，但其数据和内容的上传权限却受到平台的限制。即便如此，全新功能的出现，较 Web 1.0 时代有效提升了用户体验。

③Web 3.0 时代：元宇宙时代

随着互联网的进一步发展，必然会走向 Web 3.0 时代——元宇宙时代，就像当初 PC 互联网时代被移动互联网时代取代一样，这一阶段以网络信息传递速率的提升改善人们的感官体验为主。

（2）元宇宙时代的优势

元宇宙时代之所以被认为是 Web 3.0 时代，是因为元宇宙时代与以往的 PC 互联网时代、移动互联网时代有相同之处，但在功能方面，元宇宙是在二者基础上的进一步升华。主要体现在以下三个方面。

①用户之间交互性更强

元宇宙时代，用户与用户之间的社交更加密切，交互性更强。人们在元宇宙中的生活、工作、学习、游戏、消费等方面的社交需求越来越易实现，大家可以在不同的场景、环境中轻松表达自我、进行互动，并不断沉淀社交关系。

②用户获得更多自主掌控权

在元宇宙时代，用户不但可以实现自由交互、自由创作、自由买卖，还因为区块链技术的作用，拥有了隐私权，获得了数字身份。从这个角度来看，元宇宙时代打破了移动互联网时代控制权被平台垄断的格局，用户控制权再不必像移动互联网时代一样掌握在平台手中，而是属于自己所有，用户获得了更多的自主掌控权。

③用户体验上升到更高阶段

相比 PC 互联网时代，移动互联网时代在用户体验上有了较明显的提升。但在元宇宙时代，用户体验则上升到更高阶段。原因如下：

一是，更强的交互性体验、更多的新功能，有效提升了用户体验。

二是，元宇宙时代朝着更加开放、平等、安全的方向发展，为用户带来一种更加理想化的生活体验。

三是，PC 互联网、移动互联网的出现，将人类一部分生活、生产、工作、学习、娱乐、社交、购物等迁移到了虚拟网络当中。人们可以在元宇宙中获得与现实世界一致的体验。

总之，我们可以确定的是，元宇宙时代构建的是人类美好的未来，是一个非常值得期待的时代。

2.4　元宇宙的价值来源

现如今，众多科技巨头已经开始着手布局元宇宙，足见元宇宙蕴含着巨大的商业价值。那么元宇宙的价值来源是什么？

2.4.1　高参与度

以往，应用软件的新功能出现在全民热议之后，应用软件开发团队为了迎合广大用户需求，不断开发和升级软件。虽然应用软件开发团队按照用户需求去打造功能、制定规则，但用户并没有真正地、自由地参与进来。

元宇宙具有高参与度，所有用户都是以数字化身的身份进入元宇宙。

一方面，元宇宙时代，用户有了更多的参与机会。用户可以自由访问、自由创作、自由开发数字产品、自由制定规则，一切权限都掌握在自己手中。玩什么、怎么玩，一切都是用户说了算，人人都可以公平地获得强烈的参与感。

另一方面，用户在深度参与到元宇宙的过程中，不仅可以共享彼此创作的内容，还可以全身心进行沉浸式交互，由此打通视觉、听觉、触觉、嗅觉和味觉上的感官体验。这使得以往在媒介之外观看的互动模式，转变为媒介之中的深度交互模式。

也正是因为元宇宙中用户有了极高的自由参与度，使得用户通过高度参与获得了在场感、公平感和交互感，才能进一步吸引更多的用户参与进来，使元宇宙充满活力，生生不息。

2.4.2　虚拟经济

元宇宙是一个虚拟与现实相结合的世界，是一个在发展中不断壮大的世界。与现实世界一样，在元宇宙中的人们可以像购买数字商品一样，购买、租赁属于自己的虚拟土地，并用虚拟土地为自己赚更多的利润。

（1）转手售卖

很多玩家在购买虚拟土地之后，会观察市场行情，然后在合适的时机将虚拟土地以高价卖出，赚取利润。

（2）做生意

用户可以在虚拟土地上建立、经营店铺，销售自己创作的数字商品或服务，也可以租赁别人的店铺，销售别人的产品和服务。

（3）打造收费项目

用户可以在虚拟土地上搭建各种用途的建筑，比如开公司和博物馆、创办游乐园等，并公开在市场上出售或租赁，让其他玩家到自己创建的各类建筑场景中娱乐和消费。

（4）举办收费活动

用户可以在虚拟土地上打造各种形式的场地，如酒吧、演唱会舞台、音乐厅、会议中心等，可以通过举办虚拟音乐会、虚拟会议等活动获取虚拟财产。

2021 年 12 月，元宇宙游戏《The Sandbox》允许玩家将自己的虚拟土地，以一定的价格售卖出去，并允许玩家自己决定是否向其他玩家收费或者免费提供本人创建的游戏和立体模型。因此，有不少玩家通过出售或租赁房产建筑的方式赚取利润。

元宇宙中的虚拟土地能够吸引很多人进入元宇宙进行投资，在用户的加持下，为元宇宙带来全新的商业模式、消费需求及场景创新，产生稳定的现金流，为元宇宙创造增量经济价值，驱动元宇宙经济的可持续增长。

2.4.3 数字形象

元宇宙与"数字化"紧密相关，如数字化体验、数字化游戏、数字化交易、数字化货币、数字化形象等。

数字形象是人们在元宇宙中的虚拟形象。在元宇宙世界里，人们的物理身份会以数字化身的形式存在。元宇宙中所有的体验都是围绕用户的数字化身展开，数字形象是元宇宙中用户实现自我呈现与自我认同的基础。届时，每个人在元宇宙中都有不止一个"分身"开展活动。而且随着数字形象的行为活动越来越多，其数字 IP 也会随之沉淀下来，从而使数字形象在元宇宙当中不再是一个简单的符号，而是承载了个人品牌价值和虚拟世界的社会关系。基于此，数字形象之间可以通过互动进行广告投放、好友匹配等。

数字形象不仅是元宇宙中用户的外在表现，而且在元宇宙中构建了用户间牢固的社交网和稳定的买卖关系，为元宇宙中持续运作的经济体系打下基础。

2.4.4　场景化社交

在元宇宙中，所有用户都是用虚拟身份开展社交行为，体验多样化沉浸式社交场景，在接近真实的场景体验中建立社交关系。场景化社交是元宇宙的价值来源之一，原因有以下三个方面。

（1）稳固社交关系

元宇宙中的社交与传统社群社交相同，是以用户兴趣为导向构建的社交生态，由不同的社交场景进行支撑。也正是由于这种场景化社交，在摆脱时空束缚的基础上，激发了熟人之间、陌生人之间的社交新鲜感，从而形成基于兴趣的强社交中心。通过场景化社交渠道，元宇宙中人与人之间的关系更加牢固地建立和发展。

（2）社交资源最大化

元宇宙用户通过 VR/AR 头显设备实现场景化社交，元宇宙突破传统的线上社交方式，打破传统线上社交屏幕制造的隔阂，将不同空间的人拉入到相同的社交场景中，实现社交资源的最大化。

（3）带来不同社交圈层价值

虚拟办公室、虚拟会议、虚拟健身房、虚拟演唱会、虚拟比赛等社交场景都依托科技进行整合与搭建，科技的应用使得元宇宙的场景更加丰富和多样化起来，不同社交场景将带来不同的社交圈层价值。

场景化社交从根本上加快了虚拟世界社交关系的构建，也在一定程度上为元宇宙中的品牌实现了更加真实、有效的用户触达。品牌依托元宇宙的场景化社交，可以赢得更大的机遇和商业价值。

第三章

各国科技巨头抢先
布局元宇宙

　　元宇宙是下一代互联网的机会，谁能够率先抓住这次发展机遇，就可以在行业里处于领先地位。于是，各国科技巨头开始根据自身优势，在元宇宙领域进行全面布局，以便加强自身竞争优势。

3.1 中国：科技巨头逐鹿元宇宙领域

中国的科技巨头凭借庞大的用户规模和社交网络优势，在元宇宙大火之际，积极参与这种新生态系统的构建。当前，腾讯、百度、网易、字节跳动、三七互娱等科技巨头，正在构建"中国版元宇宙"。

3.1.1 腾讯：以社交、内容为基础广泛布局元宇宙

元宇宙的优势在于将人们的社交、生活、消费等平台进行无缝整合。科技巨头腾讯对元宇宙产生了浓厚的兴趣，也认识到元宇宙的广阔市场。有社交网络为基础、内容为支撑的腾讯在元宇宙领域有着广阔的可作为空间。

那么腾讯在元宇宙领域有哪些布局呢？

（1）硬件布局

硬件领域是腾讯首要的元宇宙布局方向。腾讯是我国较早入局元宇宙的科技巨头，其接入元宇宙的主要方式就是投资。早在 2017 年，腾讯就

投资了 Snapchat 的母公司 Snap，成为其股东。如今，Snap 公司已经围绕社交打造出了 AR 生态，腾讯作为 Snap 的股东，乘着 Snap 的 AR 生态之风，为其成功进入元宇宙打下了良好的基础。

（2）底层架构布局

在底层架构方面的布局，腾讯则通过投资 Epic Games，打造逼真视觉内容。

早在 2012 年，腾讯就投资了 Epic Games 公司。目前，Epic Games 已经打造出了先进的 3D 创作平台虚幻引擎❶，虚幻引擎在经过多次迭代后，具有强大的渲染能力，使得游戏画面内容更加逼真，给用户带来沉浸式体验。

（3）后端基建布局

腾讯在后端基建的布局主要体现在云游戏领域。

START 云游戏平台是腾讯为了入局元宇宙提前做的有关游戏内容方面的布局。用户借助电视、手机、电脑等设备，通过 START 云游戏平台就可以随时随地玩游戏。

腾讯是积极拥抱元宇宙的企业，对元宇宙布局有着极高的热衷度。显然，腾讯已经将元宇宙作为企业发展、盈利的下一个机遇。从腾讯自身的社交网络、内容的天然优势来看，腾讯布局元宇宙是极为有利的。

---

❶ 虚幻引擎是一款实时引擎与编辑器，可以对照片进行逼真渲染，达到栩栩如生的效果。

3.1.2　百度：多元领域探索元宇宙

百度无疑是我国科技巨头之一，在看到元宇宙中蕴藏的机会后，在多元领域展开布局。

（1）发布元宇宙产品"希壤"

"希壤"可以说是百度布局元宇宙的重头戏。2021年12月，百度打造的元宇宙产品"希壤"正式对外发布。之后，"希壤"经过多次版本迭代之后，不断进行升级和完善。

"希壤"是一个平行于物理世界的沉浸式虚拟空间，可以同时容纳10万人同屏互动。打开"希壤"APP，用户首先需要通过自拍来生成一个虚拟人物，并设置相应的昵称，然后才能进行后续操作。

设置完毕后，用户就可以进入不同的场景："冯唐艺术层""百度世界大会"。在不同的场景里，用户都可以听到其他用户的说话声，还可以与其他用户进行即时语音等互动交流。除此之外，"希壤"还能够为用户提供更加真实的3D全真场景，用户还可以在这里娱乐、观看展览、演出、商业洽谈等，获得更加真实的场景体验。

（2）深耕人工智能领域

人工智能是元宇宙落地的技术支撑，百度则在人工智能领域进行深耕。百度大脑是一个基于视觉、语音、自然语言处理、深度学习等核心技术的人工智能开放平台。目前，百度以百度大脑为底层技术，在飞桨深度学习平台、百度昆仑芯片等的加持下，不断提升人工智能在各行业的商业化进程。百度大脑本身具备了很强的智能度、灵活度，能够通过有效的人工智能技术积累，打造出更加丰富的元宇宙应用场景，为百度进入元宇宙打下了很好的技术基础。

（3）布局 VR 领域

百度还在 VR 领域做了很多布局。2019 年，百度推出了 VR 营销平台——蓬莱，主要是为汽车、珠宝、家居行业构建 3D 营销场景，提升客户购买体验，帮助客户快速做出购买决策。

2021 年，基于百度大脑构建了百度 VR 2.0 产业化平台，在融合了人工智能技术之后，整套 VR 2.0 解决方案可以更大限度地应用于元宇宙当中。

百度是我国基于人工智能技术布局元宇宙的领先企业之一，在元宇宙系列应用和产品方面，向元宇宙领域迈出了一大步。百度敢于突破和创新，在构建元宇宙生态方面体现出巨大的发展潜力。

3.1.3 网易：多方面切入元宇宙

在布局元宇宙的科技巨头中，网易可以说是当之无愧的先行者。

网易在国内具有强大的网络游戏业务引擎、游戏开发能力，在内容创新方面也有卓越的表现。为了更加快速进入元宇宙领域，网易做了诸多方面的布局，备战元宇宙。

（1）投资虚拟人生态

谈及元宇宙，虚拟人是一个绕不开的话题。网易则借助投资虚拟人生态来拥抱元宇宙。之所以选择虚拟人作为入局元宇宙的切入点，是因为早在 2017 年，网易就已经打造了国内首家游戏人工智能研究机构——网易伏羲。其最初的想法就是借助人工智能为玩家创造更好的游戏体验，其研究方向涵盖了强化学习、虚拟人、用户画像、机器人、云计算等。

基于此，在当前科技巨头争相布局元宇宙之际，网易将虚拟人作为这场逐鹿游戏中的先行棋子。仅 2021 年，网易就在虚拟人领域进行了 5 起投资活动，包括虚拟人生态公司次世文化传媒中心（下文简称"次世文化"）、虚拟社交平台 IMVU、虚拟形象技术公司 Genies、北京红棉小冰科技有限公司、打造虚拟社交演唱会的直播公司 Maestro。

以次世文化为例。次世文化的主要业务就是打造虚拟人产品，包括虚拟主播、虚拟偶像、功能型虚拟人等。比如珠宝品牌 I Do 衍生出来的虚拟人"Beco"、美妆品牌花西子的虚拟代言人"花西子"等都是由次世文化打造而成。

（2）投资 VR 领域

VR 技术是元宇宙发展过程中的一项重要技术，网易很早就开始在 VR 领域进行布局。网易先后投资的 VR 相关企业有 9 家，包括 VR 流媒体直播公司 NextVR、VR 设备厂商 AxonVR 等。

（3）打造沉浸式会议系统

近年来，很多线下会议转为线上会议，Zoom、钉钉等软件成为人们工作必不可少的工具。对此，网易也在布局元宇宙的过程中，提出了有效的解决方案。

2020 年，网易在网易伏羲游戏属性的基础上，打造了沉浸式会议系统"瑶台"，不但解决了传统视频会议单一呈现的弊端问题，还使每个与会者都可以以虚拟形象的形式，在虚拟会议室中进行文字、语音聊天，还能实现同声翻译、会场自由切换等。"瑶台"无疑已经成为网易在元宇宙领域的重要产品布局。当然，除了用于开会，"瑶台"还可以同时容纳上千人在这里聚会等。网易打造的"瑶台"从本质上看，其实已经可以算作元宇宙的雏形了。

（4）积极构建云游戏平台

做游戏出身的网易，自然不会放弃通过自己的老本行去切入元宇宙。

2019 年，网易打造的云游戏平台 Beta 正式上线。Beta 可以实现多个终端无缝切换，而且上线了很多体验感极好的游戏。Beta 将元宇宙的渲染过程转移到了云端，通过云端的算力完成虚拟游戏世界的搭建。可以说，Beta 是网易进入元宇宙的最佳平台。

通往元宇宙的门票五花八门，但只有从自己的强项出发，才能借助自己的实力成为元宇宙逐鹿大军中的长跑选手。网易紧紧围绕游戏布局元宇宙，是对原有生态的补充和巩固。同时，网易还将解决现实世界问题作为布局元宇宙的着陆点，不得不说下了一盘好棋。

3.1.4　字节跳动：从多维度出发涉足元宇宙

在各巨头争相进入元宇宙赛道时，字节跳动也加入了元宇宙这一新领域，展开角逐。字节跳动从多维度出发涉足元宇宙。

（1）VR/AR 领域的研发和投入

VR/AR 头显设备是进入元宇宙所需工具，所以字节跳动已经在 VR/AR 领域开始投入时间、人力、物力去研发。

①抖音新增 AR 相关功能

目前，字节跳动旗下的抖音已经开发了有关 AR 的诸多功能，如 VR 社交、AR 扫一扫、AR 互动、AR 滤镜等。

②投资 VR 制造商

字节跳动还斥巨资收购 VR 软硬件制造商 Pico（北京小鸟看看科技有限公司）。Pico 是 VR 软硬件制造领域的老牌企业，已经研发出了包括 Goblin VR 一体机、Pico U VR 眼镜及 Tracking Kit 追踪套件等自有产品。VR 游戏及 VR 头显设备代表的是元宇宙的新兴市场，字节跳动收购 Pico 的目的显而易见。

（2）打造自有元宇宙社交产品

字节跳动开发了一款元宇宙社交产品——Pixsoul，该产品是一款主打 AI 换脸的游戏。用户导入自己的照片后，可以在海量的变脸模板中选择自己喜欢的 3D 人物形象，并形成有趣的卡通效果，用户还可以实时查看人物形象的脸部变化。这款产品给用户带来了更多乐趣和体验。

（3）做元宇宙基础建设投资

除了以上行动，字节跳动还投资了一家元宇宙基础设施公司——众趣科技有限公司，成为这家公司的新股东。众趣科技有限公司是一家数字孪生云服务商，主要研究方向是三维光学检测，是专业的 3D 实景构建商。字节跳动与众趣科技有限公司合作，就是为了加速进入元宇宙应用领域，并有效降低 3D 实景克隆成本。

俗话说："不打无准备之仗，方能立于不败之地。"字节跳动深谙这个道理，为入局元宇宙已经做足了准备。

3.1.5　三七互娱：开创文娱产业元宇宙新布局

三七互娱网络科技有限公司（以下简称"三七互娱"）是一家互联网游戏公司，在元宇宙大热之际，三七互娱深入学习和探索元宇宙，成为积极拥抱元宇宙大军中的一员。

三七互娱在元宇宙方面的布局，主要包含以下四个方面。

（1）探索技术与内容融合

三七互娱并不是盲目跟风布局元宇宙，而是结合核心技术与业务，进行全局规划。三七互娱本身在内容生态方面有得天独厚的优势，因此三七互娱一开始就在其优质内容生态基础上，通过聚焦元宇宙落地的相关技术，结合内容进行布局。比如借助 VR/AR 技术、光学技术、空间智能技术等开发影视、动漫、体育等内容的应用场景。为了加速应用场景的落地，三七互娱投资了诸多相关技术公司，比如全球领先的 AR 头戴式设备光学模组供应商 Wave Optics、空间智能领先技术研发商中国宸境科技有限公司等。

（2）夯实内容优势

三七互娱还在文创细分领域加强研发投入。2021 年，公司先后研发了《斗罗大陆：魂师对决》《云端问仙》等游戏，游戏内容深受广大玩家青睐。在打造游戏内容的同时，三七互娱也重视文创行业的其他细分领域，其投资了艺花开天文化传播有限公司、优映文化传播有限公司等诸多优秀内容生产企业，致力于打造内容矩阵，夯实自身在元宇宙内容领域的优势。

（3）探索 UGC 生态

元宇宙中的用户拥有极高的内容创作自由权。三七互娱便从这一层面出发，借助人工智能算法实现高精度、高性能的动作捕捉技术的研究，对游戏现有的渲染模式进行优化，探索玩家 UGC 生态。基于此，有效提升游戏的可进入性、可触达性，使得三七互娱的 UGC 生态更加成熟，逐渐向元宇宙靠近。

（4）打造全国首个元宇宙游戏艺术馆

2022 年 4 月，三七互娱与国内从事网络科技、计算机科技领域技术开发的智度科技股份有限公司合作，共同打造了全国首个元宇宙游戏艺术馆，这是三七互娱在元宇宙应用场景方面的全新探索。同时，三七互娱还进行相关数字艺术藏品的销售。

三七互娱在元宇宙的布局上一路提速前进。未来，三七互娱还会关注元宇宙的发展动向，做出更多的探索和尝试。

3.2　美国：科技巨头大举挺进元宇宙市场

元宇宙爆火之后，美国科技巨头苹果、谷歌、微软等也纷纷盯上了元宇宙，开始马不停蹄地借助自身优势，大举向元宇宙市场挺进。

3.2.1　苹果：耕耘 AR/VR 底层技术，完善元宇宙生态布局

早期，苹果公司对元宇宙并不热衷，但如今，在看到元宇宙领域所蕴含的巨大潜力，苹果公司开始意识到布局元宇宙的重要性。苹果公司布局元宇宙，主要是通过深耕 AR/VR 底层技术来进行。

（1）打造 AR 设备专利

仅 2021 年，苹果公司打造的有关 AR 设备的专利技术就多达 11

项，在其全年打造所有专利技术中占比 1/9。如果 iPhone 是苹果公司过去的产品代表，那么 AR 设备则将是苹果公司下一个十年里的划时代产品。

（2）布局 AR 平台

与硬件相比，苹果公司在 AR 平台方面的开发和布局的进程要稍快一些。目前，苹果已经推出如 AR Kit、Reality Kit、Reality Composer、Reality Converter 等 AR 平台，形成了比较完整的 AR 生态闭环。

（3）收购 AR 公司

苹果公司收购了两家虚拟现实内容公司，分别是 VR 直播公司 Next VR 与虚拟会议公司 Spaces，以便在元宇宙领域的娱乐与办公场景方面进行布局。Next VR 主要业务是录制演唱会和体育赛事等现常活动，让用户在通过 VR 获得良好的沉浸式体验。Spaces 公司专注于 VR 主题公园及大空间 VR 内容等方面，其推出的虚拟会议平台类似于 VR 线上办公软件 Zoom，支持 VR 用户联机使用。

苹果公司正默默耕耘于 AR、VR 底层技术，并逐步进行生态布局，AR、VR 技术将成为苹果公司制胜元宇宙竞争的一大利器。

3.2.2　谷歌：以软硬件与人工智能入局元宇宙

谷歌是美国的一家跨国科技企业，其主要业务包括互联网搜索、云计算等，谷歌主要从硬件与人工智能方面入局元宇宙。

（1）AR硬件布局

谷歌在硬件产品方面频频发力，比如，谷歌在2012年发布的AR眼镜——谷歌眼镜（Google Project Glass）；2015年推出的第一代手机VR设备Cardboard；2016年推出的第二代手机AR设备Daydream View等。

值得一提的是谷歌推出的AR头盔。谷歌通过数据中心对图像进行远程渲染后，使用摄像头将选中计算机图形与现实世界的视频叠加在一起，然后通过网络连接，将叠加后的图像传输到用户的AR头盔中，给用户带来更加真实的视觉效果。

谷歌是最早借助AR可穿戴设备进入元宇宙领域的科技巨头之一。

（2）构建元宇宙产品

谷歌目前正在进行一个元宇宙产品项目——Project Iris，该项目通过超高分辨率全息视频聊天技术，实现用户之间的远程对话，而且可以看到对方的逼真3D形象，就像是和真人面对面聊天一样。如果将该项目应用于远程会议领域，则比传统视频会议更具真实性，能有效提升与会者的注意力。

（3）布局人工智能

人工智能是元宇宙的重要技术支撑，在元宇宙落地方面起到十分重要的支撑作用。谷歌看中了这一点，以人工智能为入手点进行元宇宙布局。谷歌拥有全方位的人工智能生态，拥有强大的人工智能综合实力，在以人工智能布局元宇宙方面有着得天独厚的优势。

例如，谷歌以人工智能机器学习为核心打造的 Tensor Flow；以深度学习技术为核心打造的 TPU 芯片等。这些都是谷歌在人工智能实力方面的最好证明，也是谷歌加速布局元宇宙的重要方向之一。

总的来说，谷歌在布局元宇宙的路上走在了前列。相信接下来，谷歌还会有更多的创新性布局。

3.2.3　微软：软硬件全面向元宇宙推进

在美国众多科技巨头布局元宇宙之时，微软也加入了其中。其他科技巨头在逐鹿元宇宙时，都凭借自身实力拿到了"船票"。微软自然也不例外。

（1）创建元宇宙发展规划

微软的元宇宙发展规划，主要有以下两个方面。

①为虚拟场景管理做准备

以一个全新的视角，帮助管理者深入了解零售商店、员工在车间等场景中的互动方式，以便在相应场景中做好健康和安全方面的管理。

②通过虚拟化身吸引用户进入元宇宙

在现有功能基础上，加入混合现实功能，推出 Mesh for Microsoft Teams

软件。该软件允许身处不同空间的人们加入同一场会议、处理共享文档等。此外，用户可以使用自己喜欢的个性化 3D 头像，然后用自己的虚拟化身参加各种活动，还可以更加真实地感受到其他用户的细微表情和不同情绪。通过这个沉浸式空间，用户可以与来自世界不同地方的人们同时见面，甚至进行近乎面对面的语言交流。用户也能通过在这个虚拟空间里分享文件及其他交互活动所带来的真实感、存在感而愿意参与到元宇宙中来。

（2）开发 VR 设备

微软在开发 VR 设备方面也没有落下。HoloLens 是微软打造的一款虚拟现实眼镜，能为用户带来极高的分辨率和高品质画面。

（3）打造元宇宙游戏

游戏是元宇宙的最好呈现渠道，因此诸多巨头也极度看好元宇宙游戏所蕴含的巨大市场。微软发布了一款包含诸多现实世界场景的游戏——《微软模拟飞行》。这款游戏中打造了真实地球的一个缩影。这里有超过 2 万个城市、15 亿座建筑、1 亿多个湖泊……。玩家可在该网站利用 AR 创建自己的飞行员形象及通信代号，在游戏中获得逼真的体验。

元宇宙就好比一个巨大的蛋糕，微软充分发挥自己的行业潜力，多方面布局进军元宇宙，足见微软想要分得一块蛋糕的野心。

3.2.4 英伟达：全方位构建元宇宙赛道

英伟达是美国一家人工智能计算公司，在元宇宙布局方面全球领先。

（1）元宇宙"三步走"战略

2021年，在一场线上会议中，英伟达创始人黄仁勋明确提出了英伟达未来的元宇宙"三步走"战略。

第一步，虚拟化战略，即打造了拥有强大算力和先进硬件基础的元宇宙体系——Omniverse平台，用来渲染高保真度图像场景。

第二步，逼真化战略，即借助人工智能语言学习对虚拟世界的物理规律进行强化，从而使虚拟世界一切人、物、场达到更加逼真的效果。

第三步，情感化战略，即向虚拟世界赋予情感，使得虚拟世界的人构建起稳定的社交关系，实现人与人之间的情感交互。

（2）发布虚拟人

英伟达目前发布了三个虚拟人。

① "黄仁勋"

2021年，英伟达首次公布了其创始人黄仁勋的虚拟人替身。这个虚拟人的声音、形象、讲话姿态，都完全模仿黄仁勋本人。由于太过逼真，以至于无人察觉到其是虚拟人。

② "蛋壳人"

"蛋壳人"的虚拟形象具有十分可爱的外形，可以根据面部跟踪技术与顾客保持目光接触，并用面部表情回应顾客。另外，该虚拟人还可以通过与顾客的对话，理解顾客订购产品的需求。

③会议虚拟人

会议虚拟人主要应用于会议软件当中。虚拟人可以穿便装或正装参加虚拟会议。

英伟达已经在积极布局元宇宙的相关产业，虽然在内容、终端硬件等方面有所欠缺，但足见其入局元宇宙的信心和决心。

3.2.5 罗布乐思：入场游戏领域拥抱元宇宙

罗布乐思是美国一家游戏和社交媒体相结合的沙盒类游戏公司。该公司的游戏平台上有数百万种游戏都是用户自己创建的，用户既可以是玩家，选择自己喜欢的游戏，与自己的朋友一起聊天与互动，又可以是游戏内容的参与者和创作者。罗布乐思作为一家优秀的科技型企业，也在抓紧时间布局元宇宙。

（1）开发元宇宙教育游戏

罗布乐思在游戏业务方面具有独特优势，所以在布局元宇宙的过程中，选择以游戏赛道作为切入点。

罗布乐思面向初中、高中、大学学生打造学校教育的游戏。换句话说，就是将相关教育游戏植入到学校教育当中。该教育游戏定位于传授机器人技术，帮助学生探索计算机科学、工程和生物医学科学等职业概念。

用户除了可以在罗布乐思打造的教育游戏平台上玩游戏，还可以在游戏当中举办其他活动，如演唱会、赛事、舞会、派对、领养宠物等。游戏已经不再是单纯的游戏，更多的是成为了虚拟世界中的角色社交的工具。基于此，罗布乐思打造教育游戏，也就在概念上离元宇宙更近了。

（2）打造混合云架构

罗布乐思还在混合云架构方面进行布局，打造了罗布乐思云，目的是对服务器进行扩容，满足更多用户的使用需求，同时保证平台的流畅游戏体验。目前，罗布乐思云的数据覆盖了全球 21 个城市的数据中心、第三方云服务等。未来，罗布乐思计划在全球建立更多的罗布乐思云，以便让全球更多的用户获得罗布乐思的独特游戏体验。

（3）开发内容创作工具

罗布乐思借助游戏引擎与游戏云为用户开发内容创作工具 Roblox Studio，帮助用户产出更多的内容和场景。Roblox Studio 为用户提供了极为丰富的内容素材和自由创作的空间，每个用户都有平等的自由创作权。而且用户对其所创造的每一个内容都有所有权。

罗布乐思布局元宇宙的举措是比较超前的，一切都是为了获得更多用户、进一步扩大用户基础。因为罗布乐思明白，不管元宇宙来得早或晚，只有抓住更多的用户，才能抓住更多红利。

3.3 日本：进入元宇宙领域小试牛刀

在众多科技化国家中，日本的地位不容小觑。近年来，元宇宙概念在全球盛行，日本的科技巨头也开始积极布局元宇宙，在元宇宙领域频频发力，顺应全球关注、探索和发展元宇宙的趋势。

3.3.1 索尼：推出 VR 眼镜及适配游戏挺进元宇宙

作为行业领军企业，索尼走在了日本布局元宇宙的最前列，寻找适合自己的发力点，向元宇宙挺进。

对索尼来说，游戏业务可以说是"摇钱树"。索尼布局元宇宙，也主要是围绕游戏领域进行，主要体现在以下三个方面。

（1）投资 Epic Games

2022 年，索尼集团与乐高控股公司 Kirkbi 合作，向美国热门在线游戏平台 Epic Games 投资 10 亿美元，以便借助其在计算机图形（CG）领域的制作技术优势，构建互联网虚拟空间元宇宙。这是索尼第三次对 Epic Games 进行投资，创下了索尼单次最高出资额纪录。事实上，在 2020 年和 2021 年，索尼就已经对 Epic Games 进行了巨额投资。

（2）打造 VR 硬件设备

目前，索尼的 VR 眼镜技术全球领先。早在 2016 年，索尼就看到了 VR 眼镜的市场，正式推出了 PS VR 眼镜。纵观当前的 VR 眼镜市场，大多采用三种算力来源进行打造，分别是 PC 提供算力、由手机提供算力及由 VR 本身提供算力。索尼则另辟蹊径，以 PS 机为基础提供算力，在同类产品中形成了差异化竞争优势。

如今，在各国科技巨头纷纷凭借自身优势拥抱元宇宙之时，索尼则凭借自己早些年在 VR 眼镜领域积累的实力，有效加速了其迈向元宇宙的进程。

（3）内容丰富和创新

游戏是索尼的重要收入来源。所以在布局元宇宙的过程中，索尼依然以游戏为基础进行内容丰富和创新，以便为用户带来更加真实的游戏体验。在内容丰富和创新方面，索尼自主研发了诸多元宇宙游戏，如《战神》《最后的生还者》，以及《巫师》系列、《使命召唤》系列，还有 VR 游戏，如《宇宙机器人：搜救行动》《遥远星际》等。凭借这些优质内容，索尼构建了完整的元宇宙生态，包括用户虚拟形象、会员体系、应用商店等。

索尼打开了新思路，打造 PS VR 眼镜；将游戏作为接入元宇宙的契机；借助游戏这一主要业务，拓展和丰富元宇宙生态。足见索尼在布局元宇宙的整个过程中思路清晰、目标明确。

3.3.2　Cluster：构建以虚拟人物为特色的元宇宙

Cluster 是日本一家虚拟社交媒体公司，玩家可以在其打造的虚拟社交平台上创造虚拟形象、进行社交、参加虚拟音乐会。基于其"虚拟化""社交化"属性，Cluster 也开始在元宇宙领域布局。

（1）打造虚拟游戏乐园

Cluster 首先将元宇宙布局的重点放在打造虚拟空间和虚拟事件上。在与动漫动画《精灵宝可梦》合作后，打造了虚拟游乐园。在虚拟游乐园里，用户可以举办虚拟活动，如演唱会、演讲活动等。

（2）构建 3D CG 生态

内容创作对于元宇宙的构成与发展来说至关重要。Cluster 构建了一个 3D CG 内容创作生态。在这里，用户可以在 3D 技术的作用下，成为创作大师，充分发挥自己的天赋和想象力，打造出独一无二的虚拟咖啡馆、虚拟舞台、虚拟聊天室、虚拟办公室。用户还可以通过售卖自建物品的方式获取收益。

（3）成立元宇宙实验室

Cluster 还与众多科研院所合作成立了元宇宙研究院，目的就是对元宇宙领域虚拟人物的感觉功能、运动功能、智力功能进行研究，使未来人类的想法可以通过语言表达形式，或者通过 3D、虚拟人形式直接呈现给他人，有效改变未来人类的交流方式。

元宇宙领域蕴藏着巨大的商业价值，谁能进行深耕，触及更多本源的东西，谁就能更快、更好地站在时代的最前列。Cluster 在布局元宇宙的过程中，目光放得比较长远，为人类的未来提供了更多探索和思考。

3.4　韩国：加速向元宇宙进发

韩国的科技水平，在世界领域中虽然称不上一枝独秀，但也处于前沿。全球科技巨头大举向元宇宙挺进，韩国的科技企业自然不会错过这个大好的发展机遇，也在加速向元宇宙进发。

3.4.1　三星：以 AR 夯实入局元宇宙基础

三星是韩国最大的科技型企业，在全球科技型企业中也处于领先地位。三星加大了元宇宙相关领域的投资，加速入局元宇宙。

（1）研发 AR 产品

三星计划通过 AR 产品策略打进元宇宙市场。

①推出自有产品

2022 年 3 月，三星与光学方案商 DigiLens 展开合作，以推出一款可以在元宇宙平台上运行的 AR 眼镜设备。

②与微软合作开发产品

三星还与微软合作，共同开发一款 AR 头显设备。

（2）打造虚拟豪宅

2022 年 1 月，三星就宣布与亚洲最大的元宇宙平台 Zepeto 合作，打造一个名为 My House 的虚拟豪宅，以此打开元宇宙的大门，让用户能够更好地体验元宇宙。

Zepeto 是一款娱乐应用程序，主要业务是制作 3D 头像，用 AR 技术合成照片和虚拟背景。Zepeto 以 AR 技术、UGC 为基础，有效拓展了场景多样化，是众多科技巨头合作的对象。

用户借助 AR 头显设备进入 My House 中，就会看到里边装满了三星的各种 Q 版产品，如吸尘器、电视机、空气净化器等，用户可以随意走动，并按照自己的喜好挑选自己喜欢的家具、家电。用户可以在这一豪宅里边打扫卫生边听音乐，边看电视边做减脂操。这样贴近现实世界的生活，让用户获得了十分难忘的虚拟形式体验。

（3）开发 3D 虚拟世界平台

三星还开发了一个 3D 虚拟世界平台——Decentraland。用户可以借助 AR 头显设备进入这个虚拟世界。在这个平台上，用户可以通过使用相应的虚拟货币购买平台上的虚拟土地。与其他传统游戏不同，Decentraland 的用户对游戏有最终的掌控权。游戏怎么玩？任务怎么做？游戏角色有哪些？这些完全由用户说了算。

三星在以上三个方面的布局都是以 AR 为入手点来夯实自身入局元宇宙的基础。相信在未来，三星还会顺应时代做出更多的布局，给更多的消费者带来更加丰富的数字体验。

3.4.2　NAVER：专注布局娱乐元宇宙

NAVER 是著名社交软件 LINE 的母公司，是仅次于谷歌、雅虎、百度、必应的世界第五大搜索引擎网站。在探索元宇宙的路上，NAVER 将绝大多数精力都放在了一款娱乐应用程序 Zepeto 上，并基于 Zepeto 进行全方位创新。

（1）构建社交元宇宙平台

最初，NAVER 将 Zepeto 打造成了一个社交元宇宙平台。用户可以在平台上按照自己的喜好，通过对立体卡通人物进行装扮打造出属于自己的虚拟形象，以此体现个人趣味和品味，还可以购买不同的姿势、动作，选择不同的背景与好友拍合照，实现与其他用户的社交沟通。除此之外，用户还可以在 Zepeto 平台上制作内容，通过售卖数字商品而赚取收益。

（2）构建虚拟娱乐世界

NAVER 还将 Zepeto 构建成一个虚拟娱乐世界。在这个世界里，用户可以以虚拟人物的身份自由走动，参与到平台设置的丰富的游戏场景中，如鬼屋、景点等，还可以在这里举办派对、参加朋友婚礼等。

（3）打造差异化元宇宙平台

如果说社交与娱乐是众多元宇宙的典型特质，那么 NAVER 则从不同层面，将 Zepeto 打造成了一个差异化元宇宙平台。

在 Zepeto 平台上，日活跃用户达到了 200 万，Zepeto 凭借自身的"时尚"特色，吸引了大量年轻女性用户。Zepeto 目前有超过 2.4 亿用户，其中 70% 的用户是年轻女性。基于这一特点，如 Gucci、Dior、三星、现代等著名品牌都与 Zepeto 平台合作，使得 Zepeto 的绝大多数收益都来源于这些品牌的广告合作。

就目前形势来看，元宇宙的发展还处于早期阶段，但 NAVER 仅凭借对 Zepeto 的创新性功能拓展，就已经在元宇宙领域为自身构建了一个巨大的市场。Zepeto 作为 NAVER 布局元宇宙的第一梯队，已经在差异化定位方面，吸引了众多用户和投资者，这将为 NAVER 后续的元宇宙布局提供有力的后备力量。

第四章
元宇宙产业投资赛道

当前，元宇宙作为一个新概念进入人们的视野，成为资本市场"新宠儿"。对于各领域企业来讲，最为关心的就是"元宇宙哪些方面是值得投资的"或者说"元宇宙产业有什么投资赛道可以选择"，本章给出你想要的答案。

4.1　技术赛道

技术是催生元宇宙落地的关键，因此诸如 VR/AR、区块链、云计算、数字孪生等相关技术方面的产品，则成为热门投资赛道，谁能够率先推出相关产品，谁就能抢先在元宇宙领域跑赢。

4.1.1　VR/AR 穿戴设备

VR/AR 是进入元宇宙的必备工具。从技术方面看，VR/AR 穿戴设备将是元宇宙产业的投资赛道之一。

原因有以下三个方面。

（1）智能手机的进阶

回望过去，不难发现，智能手机的出现，意味着移动互联网时代的到来。智能手机无论在内容方面，还是在交互形式上，其丰富性都超过了以往的电脑、电视等媒介。因此，智能手机的出现是对传统媒介的一种巨大冲击，给社会带来具有划时代意义的变革。

如今，智能手机的发展在功能和体验上显现出一定的瓶颈，智能手机市场也逐渐趋向饱和。再加之，元宇宙被认为是下一代互联网的风口，越来越多的人非常看好 VR/AR 技术的发展前景，VR/AR 设备也将成为智能手机之后的下一代智能化产品。这也是众多科技巨头出钱、出力，以 VR/AR 穿戴设备为赛道，快马加鞭布局元宇宙的原因。

互联网数据中心的数据显示：2021 年，全球 VR/AR 头显设备出货量高达 1123 万台，同比增长了 92.1%。并预计在未来几年内这一数字依旧会保持高速增长，并在 2026 年突破 5000 万台。

（2）科技巨头是风向标

VR/AR 是很多投资者看好的技术投资方向。不少科技巨头已经将目光放在了 VR/AR 的穿戴设备上，如腾讯、网易、苹果、谷歌、微软、索尼等。

事实上，早在 2014 年，就掀起了一股 VR 硬件开发热潮。但由于技术水平限制使得 VR/AR 技术一直难以实现。如今，元宇宙的出现使 VR/AR 技术再次火爆起来。

（3）落地场景广泛

VR/AR 穿戴设备的落地场景不仅是游戏，还可以是娱乐、影音、演唱会、会议、培训、演讲、旅游等。VR/AR 穿戴设备应用于这些场景之后，为人们营造了更具真实感的氛围，尤其是对于会议、培训、演讲等领域来讲，这种新颖的方式，既炫酷有趣，又极具真实感和严肃感，能够很好地提升会议、培训、演讲效果。

据相关机构研究发现：参与 VR 培训的受试者，其学习效率比线下培训提升了 4 倍，比传统线上培训提升了 1.7 倍；VR 培训者在培训过程中的情感投入程度，比线下培训提升了 3.8 倍，比传统线上培训提升了 2.9 倍。

基于以上三个原因，不难看出，未来几年里，在技术方面，VR/AR 穿戴设备是元宇宙产业投资的重要赛道之一。

4.1.2 虚拟社交

从进化的角度来看，社交是人类创建高度文明的一项关键技能，这也是区分人类与其他生物的一项差异化标志。可以说，有人的地方就需要社交。

最早的社交是人与人之间的面对面社交，随后在互联网、移动互联网的助推下，社交走向线上，至此线上与线下社交的方式并存。当下，人们使用微信、QQ 等虽然能够通过视频、语音的方式传达信息，但这样的社交方式存在一定局限性。

著名口语学者雷蒙德·罗斯的研究发现：人与人沟通的过程中，35%的信息是通过语言符号传递的，65%的信息是非语言符号传达的，包括面部表情、肢体动作等。

所以，微信、QQ 只通过文字、表情包、语音、视频方式传达信息，不能达到 100% 的传递效果。

最理想的社交方式，就是线上线下相结合，即在线上能够实现像线下一样面对面、真实的交互。虚拟社交就是这样一种理想的社交方式，也是未来元宇宙时代的一种社交趋势。

当下的微信、QQ 社交方式与虚拟社交相比，就好比是 2D 电影和 3D 电影给观众带来的不同感受一样，后者给我们的体验更加壮美和真实。虚拟社交的立体空间更具多样性，如虚拟会议室、虚拟商店、虚拟太空等，让人身临其境。

目前，不少科技企业已经打造出了极具特色的虚拟社交平台。众多虚拟社交平台已经出现，如 VRchat 推出的与公司同名的 VRchat 虚拟社交游戏平台等。科技巨头的嗅觉往往是极为敏锐的，洞察力往往是极有见地的，他们的一举一动往往就是风向标。可以预见，虚拟社交也是元宇宙产业的投资赛道之一。

4.2 数字化资产赛道

元宇宙的核心其实就是"数字化"。在元宇宙世界里，一切人、物、场景都是以数字化的形式存在，都是元宇宙的数字化资产。数字化资产也是未来元宇宙产业投资的一个重要方向。

4.2.1 虚拟展厅

随着 5G 通信网络时代的到来，已经完全可以实现在虚拟展厅里参展。尤其在未来的元宇宙时代，虚拟展厅更是成为展览行业发展的必然趋势。虚拟展厅是非常有前景的一个投资赛道。

虚拟展厅可以通过 VR 设备等同步实现虚拟空间的物品展示。这样的展示方式，具有如下两个特点。

（1）沉浸式展示物品

在虚拟展厅里，所有的物品都能 720° 旋转、放大、缩小等，无视角盲点，实现高清立体展示，再加上虚拟数字人在展品旁边声情并茂地解说，使用户身处虚拟展厅，不但可以更直观地了解每一个物品的细节，还可以如身临其境般，获得极好的沉浸式互动体验。

（2）不必受限于时间和空间

众所周知，举办一场展览活动，往往对场地有较高要求，包括场地面积、环境，甚至关系到温度、湿度等。而虚拟展厅则对现实世界的展品进行三维建模，通过数字孪生，将真实的线下展示场景及展品还原到线上，既可以完全忽略线下的场地因素，也不会因为时空受限而影响展会的举办。

虚拟展厅的应用场所十分广泛，如博物馆、展览馆、美术馆、纪念馆、科技馆、商品展厅等，用户不仅可以参展，还可以实现互动娱乐，甚至可以有效促进企业与用户的接洽、交流、商务交易，或是让用户更好地体验中国传统文化之美。

4.2.2　虚拟数字人

在元宇宙的概念下，"虚拟数字人"的产业快速崛起。综艺活动、脱口秀、直播、品牌代言等诸多领域都有虚拟数字人的身影，与此同时，虚拟数字人也吸引了数以亿计的流量，成为资本追逐的焦点。

虚拟数字人是通过计算机图形技术、语音合成技术、深度学习、生物科技等诸多学科聚合而成的，具有现实世界人的外貌、行为的虚拟形象。

虚拟数字人在元宇宙世界里之所以能够得到广泛应用，是因为其担任着信息制造、信息传递的责任，使元宇宙中的人与人、人与物、物与物之间产生联系。

（1）虚拟数字人的类型

具体而言，虚拟数字人有哪些类型呢？

①虚拟偶像

现实世界里，人们往往会将喜欢的明星、名人、歌手、演员等当作自己心中的偶像。品牌商往往会寻找当下人气很高的明星、名人等做代言人。虚拟偶像则类似于我们现实世界里的偶像，以虚拟化、数字化身份存在，他们同样拥有鲜明的个性、才艺等。有的是与真人艺人类似的虚拟偶像，如影视明星的虚拟形象；有的是虚拟歌手，如洛天依。他们凭借自己鲜明的个性，积累了超高的流量和人气。

②虚拟主播

从更加专业的方面来讲，虚拟主播主要涵盖了虚拟主持人、虚拟记者等，主要职能以新闻播报为主，如央视网主持人小 C 等；从娱乐方面来讲，虚拟主播主要是活跃在快手、抖音等短视频平台上的虚拟博主。

③虚拟员工

虚拟员工通常是由企业推出，为企业承担对外产品展示、客户服务、文化传播等方面的工作任务。如百信银行的数字员工 AIYA、OPPO 具有3D 互动式聊天功能的助手小布等。

（2）虚拟数字人的应用价值

虚拟数字人之所以能够赢得资本青睐，是因为他们自身具有很多应用价值，主要体现在以下三个方面。

①具有快速出圈的能力

传统的明星代言已经让大众产生了视觉疲劳，失去了新鲜感，虚拟数字人以一种全新的形式出现，具有十分鲜明的个人风格。他们能够以不同身份、不同角色进入到多元化虚拟场景当中，形象价值和实用价值并存，员工、主持人、管家、代言、娱乐等角色及工作都可以轻松胜任，而且具有思维和可交互的能力。凭借这些高质量特性，虚拟数字人具有了快速出圈的能力，能够快速"走红"。

②助力品牌口碑快速传播

虚拟数字人可塑性很强，无论外貌、言行还是性格设定，完全由品牌商自由设置和掌握，通过虚拟数字人能更好地彰显品牌调性。虚拟数字人可以延展到元宇宙中的多个虚拟应用场景中，实现多圈层传播。另外，虚拟数字人的 IP 化也将成为一种流行趋势，具有超强的吸粉引流能力。此外，虚拟数字人比真人明星更具安全性，可以实现一次成本多次推广代言。

从这几方面来看，虚拟数字人对品牌口碑传播来讲，快速且高效。

天猫曾邀请中国首位超写实虚拟关键意见领袖（KOL）——翎，担任数字推荐官，为 5 大奢侈品巨头，以及 200 多个知名品牌代言。翎或穿着麦丝玛拉（Max Mara）品牌的浓郁暖棕色泰迪熊大衣，或穿着蔻驰（COACH）的米色镂空针织衫，或穿着 LA PERLA 浅粉色桑蚕丝睡衣，将奢品时尚有温度地传递到消费者面前。

③为企业经营提质增效

虚拟数字人可以全年无休，24 小时不间断工作，促进企业的高效运作。虚拟数字人还可以扮演导游、客服等角色，不但可以帮助客户解决问题，还能提供情感陪伴、情感关怀等超预期价值的服务。这些都为企业经营提质增效起到了推动作用。

随着元宇宙时代的来临，虚拟数字人作为元宇宙中的重要一环，价值将越来越凸显，将出现在越来越多的领域，如品牌营销、影视、社交、偶像造星、游戏等，帮助企业以新的赋能方式赢得更加广阔的市场。

4.2.3　虚拟数字藏品

人们对于艺术品总会有一种收藏的心理，有价值的藏品总能被那些目光敏锐的收藏家发现和赏识。诸如雕塑、绘画、手工作品等，都能凭借其不菲的艺术价值成为藏品而被私人收藏。

虚拟数字藏品虽然是无形的，但同样具有收藏价值。试想一下，在未来的元宇宙时代，人们可以同时生活在现实世界和元宇宙空间中。现实世界中人们可以购买的任意实体商品，在元宇宙世界里同样可以购买到对应的虚拟数字商品。不同的是，现实世界里的实体商品是有损耗的，而在元宇宙世界里，虚拟数字化商品可以永久保存。这也正是虚拟数字藏品值得被投资的原因所在。

天猫平台就是一个经典案例。

目前，天猫联合各大品牌推出了众多虚拟数字藏品，包括与人类衣食住行息息相关的各个方面，将奢侈品的营销边界拓展到了虚拟数字藏品领域。

天猫推出的虚拟数字藏品是使用蚂蚁区块链技术进行唯一标识的，经过数字化的特定艺术品，每一件虚拟数字藏品都映射了特定的区块链上的唯一序列号，不可篡改、不可分割，且具有唯一性。

五粮液推出由金色和银色组成的数字藏品，如流动的星河一般熠熠生辉；博柏利（BURBERRY）推出了限量款儿童粉色数字围巾；蔻驰推出了经典数字相机包；浪琴推出了名匠系列数字机械手表；日化类头部品牌宝洁推出了液态金属组成的极具棱角设计感的背包等。不同于实体购买，此次虚拟数字藏品以抽签买赠的方式出售。由于虚拟数字藏品所带来的价值要远超实体商品，所以天猫这次联名打造的虚拟数字藏品受到广大年轻用户的青睐。

天猫联合奢侈品牌打造的虚拟数字藏品，以多元化营销方式，使品牌产品获得了更加持久的生命力，也为消费者提供了全新的数字化体验，让消费者获得了实实在在的数字资产。

无论从收藏角度还是从商业角度来看，虚拟数字藏品蕴含的巨大价值是毋庸置疑的。随着越来越多电商平台与品牌在虚拟数字藏品方面的合作，其商业辐射能力将会更加凸显，因此虚拟数字藏品的投资价值显而易见。

4.2.4　虚拟办公

传统办公模式往往会因为外界因素而在时间和空间上受限，如近几年因新型冠状病毒肺炎疫情影响，很多员工难以实现到岗工作，传统办公模式的弊端就显现出来。虚拟办公的出现是对传统办公模式的一种巨大变革。

（1）节约时间和金钱成本

传统办公模式需要员工每天乘坐交通工具到岗办公。元宇宙世界里的虚拟办公，员工省去通勤时间，节约下来的时间可以用于进行更多创造性、创新性工作；虚拟办公模式十分灵活，企业可以节省实体办公室租赁的成本、日常水电成本。

（2）沉浸式办公体验

传统办公模式下，如果员工不在办公室，则工作难以推进。虚拟办公模式下，员工可以在家里、咖啡厅、公园等任何一个有网络的地方，通过VR/AR设备进入虚拟办公室，打卡后走到自己的工位开始工作，和同事交流和讨论手里的项目，大家一起到会议室开会研究方案，和商业合作伙伴一起进行商务洽谈等。即便是远程办公，也可以真实可见地处于同一空间当中。在元宇宙的虚拟办公室里，每一位员工都可以像现实世界一样开展日常工作。这一切就像是将现实世界的办公室搬到了元宇宙世界里一般，给人以强烈的氛围感、真实感和沉浸感。

云楼 SOHO 是全球第一栋元宇宙数字办公楼。在所有员工进入该办公楼之后，就完全还原了线下办公场景，员工有自己的固定工位，可以查找同事、发送消息、拉群聊天，还可以像在现实世界一样面对面与同事沟通。有会议需求时，大家可以进入云楼会议室，仿佛置身于真实的线下会议场景。当有员工离开工位时，点击"暂时离开"后，其他所有的同事就会知道这位员工当前的状态，避免无效沟通。

虚拟办公作为一种全新的办公模式，既给人新颖感，又给人便利感，这会吸引更多的职场人对其充满好奇和热情；对于企业而言，虚拟办公的方式既能节省成本，又能提高员工工作效率。因此，越来越多的企业会全面拥抱元宇宙虚拟办公新模式，这种对员工和企业都利好的虚拟办公模式能持续地进行下去。虚拟办公这一投资赛道不容忽视。

第五章
NFT使元宇宙经济
有序运行

　　谈到元宇宙，不得不提 NFT。NFT 是元宇宙世界为虚拟的数字资产提供确权和产权交易的一个工具。NFT 的存在，有效打通了元宇宙中的资产和现实中的资产，使元宇宙经济有序运行。可以说，NFT 是元宇宙的基石。

5.1 NFT的定义

区块链技术的飞速发展，使NFT出现在大众视野。随着元宇宙的大火，NFT在大众视野中出现的频率越来越高，越来越多的人把目光投注于NFT数字藏品，一时间NFT以一种势不可挡的姿态火爆出圈。那么NFT究竟是什么呢？

5.1.1 NFT 的原始定义

NFT，即"Non-Fungible Token"，译为非同质化通行证。"非同质化"就是指两个物体不相同，即 A 不等于 B。

在真正解释NFT之前，我们先从同质化通证 Fungible Token（FT）说起。

FT 是随着区块链的出现而诞生的。所有的通证都是依附于现有的区块链技术，使用构成区块链的核心技术——智能合约技术进行记录的。比如我们常听到的比特币、以太坊这样的数字资产等，就是同质化通证，它们之间可以相互替代并进行拆分。

举个简单的例子来说明。假如一个人手中有 100 个比特币,这 100 个比特币之间并没有任何区别,那么这些比特币就是 FT。如果将这 100 个比特币分别进行编号,那么每个比特币就有所不同,而我们不能说 1 号比特币就是 100 号比特币,这样被进行编号的比特币就是 NFT。再往简单了来说,就好比我们手中的硬币,每一枚在同一年发行的面值相同的硬币,因为没有编码,所以完全相同,这样的就是 FT;人民币,即便每一张面值相同,但每一张却有不同的编号,也就不会完全相同,这样的就是 NFT。

基于以上例子,我们就能很容易理解 NFT 的定义。NFT 实际上是一种数字资产形式。它所映射的是特定区块链上的唯一序列号,具有不可随意篡改、不可随意分割、不可随意相互替代的特点,可以用来标记特定资产的所有权。

5.1.2　重新定义 NFT

元宇宙概念的火爆,使 NFT 相关项目水涨船高。因为 NFT 可以用作数字资产的确权,所以在元宇宙领域,NFT 被赋予了全新的定义。

NFT 可以有效打通元宇宙中的资产和现实中的资产。简单来说,NFT 就是元宇宙的资产。如何更好地理解元宇宙资产呢?

现实世界里,柴米油盐、化妆品等是会消耗掉的资产;衣服、鞋帽、汽车等是会折旧的资产;古董等是可以增值的资产;书籍、影音等是有版权的资产。这些资产无论是什么形式，无论具有什么特点，它们都是实物。

在元宇宙世界里的 NFT 资产，是虚拟资产，但同样具有像实物资产一样可以交易的特点，而且能够在元宇宙世界里承载作为资产的责任。但除此以外，NFT 还具有以下四方面强大的能力。

（1）无损耗

现实世界的部分实体资产存在一定的损耗和折旧。NFT 则不会折旧，不会损耗。

（2）具有更强的流通性

如果想要卖掉 NFT，可以直接将 NFT 转到买方提供的数字钱包地址里即可。无需像现实世界一样，借助第三方物流将其交给买方。

（3）具有更强的可确权性

在现实世界里，专业的鉴定师来鉴别实物资产的真假，但也不能完全排除鉴定师的人为失误。NFT 则完全不用担心会产生这样的烦恼，只要进行追溯，就能看到其历史记录，这样就很容易对 NFT 进行确权。

（4）具有更强的承载性

现实世界里的实物受到物理属性的限制，能够实现的功能很难跨越物理组织界限。比如，一块布料，无论其被做成衣服还是鞋帽，都无法改变布料本身的性质。

但元宇宙中的 NFT 本质是代码。在理论上，它可以以任何虚拟资产的形式存在，比如数字藏品、限量版门票等。

在元宇宙世界里，NFT 具有更加丰富的属性。也正是因为这些丰富的属性，使 NFT 具有了商业价值、历史价值和收藏价值。

5.2　NFT的特性

因为 NFT 是在区块链网络上创建的，所以它在一定程度上拥有了区块链基因，也因此具备了区块链的相关特性。

5.2.1　唯一性

NFT 起源于区块链技术，以智能合约的形式发行，在智能合约上记录了每个 NFT 独一无二的资源存储地址和各项信息。因此每个 NFT 都映射着特定区块链上的唯一序列号。即使相同系列的单个 NFT 之间也存在差异。这就是 NFT 的唯一性特点。

因为具有唯一性，所以稀有性、不可替代性成为 NFT 的最重要价值。

5.2.2　可验证性

当 NFT 在区块链上被创建时，就已经在区块链的存储系统中记录了相关历史数据，并以盖时间戳的形式记录到数据库当中。这个时间戳就可以证明某个时间某个 NFT 被创建，以及创建者是谁。所有有关 NFT 的信息都能在区块链上变得简单、明了，区块链上的每一个 NFT 都可以通过这个链式结构追本溯源，一一验证。因此，NFT 具有可验证性特点。

5.2.3 公开透明性

区块链上所有记录的数据都是公开透明的，NFT 的相关发行时间和购买记录（包括什么时间、花了多少钱、被谁买去了），以及最新所有权信息等，每一个环节都是公开的，也都可以在区块链上公开查询，任何人都可以看到。所以 NFT 对所有用户是公开透明的。

5.2.4 不可篡改性

相信没有人愿意自己的资产数量会被别人随意篡改。区块链上的数据不但具有公开透明性，而且是无法被篡改和分割的。因为系统会自动进行比较，如果绝大多数账本相同，那么这样的账本就被认定为真实账本；少部分和别人账本内容不一致的账本就被认定为虚假账本。基于这种自动比较和认知，任何人篡改个别人的账本是没有任何意义的，除非能够篡改整个系统中绝大多数节点所拥有的账本内容。但这样做的工程量巨大，也不可能实现。

根据区块链的这一特性，NFT 元数据及其交易记录是持续储存的，一旦交易被确认就不能被操纵或篡改。

5.2.5　不可复制性

有一个著名的物理原理，叫作"海森堡不确定性原理"，该原理的核心内容是："不可能同时精确确定一个基本粒子的位置和动量。"而一个物体是由在不改变物质属性的前提下的最小体积物质——基本粒子构成的。由于基本粒子的位置和动量具有不确定性，那么从严谨的角度来说，在现实世界里，物体是难以做到完全复制的。

同样，在元宇宙中的 NFT 资产也具有不可复制的特点。因为在元宇宙世界里，NFT 的唯一性和不可篡改性，决定了其不可复制性。也正是这一点，保障了元宇宙世界里的资产的确权。

5.3　NFT的商业化价值

近两年，NFT 在全球范围内掀起一场风暴，与 NFT 相关的数字产品受到市场的广泛青睐，NFT 被赋予了全新的商业价值。

5.3.1　构建公平定价机制

在传统的互联网游戏中，运营商与玩家之间是一种割裂状态。造成这种情况的原因在于以下四个方面。

第一，缺少统一的沟通渠道。

第二，运营商与玩家本身处于利益的对立面，难以在利益上达成合理分配。运营商与渠道平台利益深度绑定，分走了大量收益；玩家利益得不到保证。

第三，运营商具有完全掌控权。游戏规则完全由运营商说了算，背后的核心算法完全不透明。

第四，现实与虚拟割裂。一方面，玩家从运营商那里购买虚拟资产，包括游戏装备、皮肤等，价格完全由运营商决定，而且这些虚拟资产的归属权并不属于玩家。另一方面，运营商为了自己的利益，不允许虚拟资产向现实资产实现价值流通。这样，玩家只能用人民币充值，购买游戏道具，却无法在未经运营商授权的情况下出售游戏装备等。导致传统互联网游戏的内在价值只能单向流通。

元宇宙世界里，玩家获得了更多的掌控权，可以自由决定游戏规则，可以售卖自己亲手打造的游戏装备、皮肤等。

对于购买虚拟商品是否有意义，不同的人会有不同的认知。是否有意义和价值，主要取决于个体如何定义虚拟商品的"价值"。

人们购买实物商品往往出于两个原因，一是物质需求，二是精神需求。虚拟商品其实是人们在物质需求基础上的延伸，即上升到了精神需求的高度，满足的是人们的精神需求。很多数字艺术商品的价格高，其实就是人们满足精神需求的体现。

虚拟商品的价格由两方面来决定。

（1）价值决定价格

当一件商品的价值被越来越多的人认可的时候，那么它的价格也就会越来越高，并成为一种共识，被人们所认同和接受。

（2）供需决定价格

供需决定价格，也就是说，商品的价格是由商品的供给和需求决定的。"物以稀为贵"是一个不变的规律。如果将一件产品通过NFT确权后，商品就具有了唯一性特点，成了限量款商品，价格自然会高很多。

与此同时，由于NFT具有非同质性，在给一件虚拟商品确定其市场价值的时候，需要游戏的运营方和玩家沟通来定。这样，传统的运营方占主导地位的形势会发生改变，运营方和玩家的沟通逐渐增多，在收集信息、市场交易甚至虚拟商品的定价上，需要双方共同参与。这也就是目前元宇宙市场中大多数NFT项目的价格满意度比较高的原因。

所以，NFT在一定程度上为元宇宙构建了一个公平的定价机制。

5.3.2　数字化商品实现购买和拍卖

近年来，数字化商品的价格水涨船高，很多数字化商品受到人们的追捧。

数字艺术家 Beeple 从 2007 年开始，每天创作一张图片，最终将累计 5000 张的照片拼接在一起，形成了一个 JPG 格式的图片文件，并将其命名为《Everydays : The First 5000 Days》，作为 NFT 进行售卖。结果，这款数字化商品在 2021 年以 6934 万美元的价格，被买家买走。

在这次 NFT 成功拍卖之后，众多艺术家都开始通过 NFT 平台发布自己的数字艺术品，使得 NFT 的影响力得到了史无前例的提升。在这样的大环境下，NFT 交易市场变得更加繁荣。

众多 NFT 交易平台崛起，如国外的 Rarible、Zora、Super Rare 等；国内腾讯推出 NFT 交易软件"幻核"APP、阿里巴巴推出的阿里拍卖及鲸探等 NFT 交易平台等。截至 2022 年 1 月，国外最大的 NFT 综合交易平台 Open Sea 交易额超 200 亿美元，创历史新高，位列 NFT 市场交易额排名第一位。

2021 年 8 月，NBA 巨星库里在 NFT 市场上购买了一个猴子的卡通形象，并将其作为其社交平台推特（Twitter）账号的头像来使用。在库里的巨大影响力下，有众多球迷也开始购买这类数字头像，并更新到自己的推特账号。

数字化商品之所以能够在交易平台上实现购买和拍卖，是NFT应用的结果。之所以这么说，原因有以下四个方面。

从数字化商品本身来看，NFT被用来代表独一无二的数字资产。NFT的所有权通过区块链网络进行验证和追踪，用户可以验证每个NFT的真实性。因此NFT可以说是对应特定数字化商品的唯一数字凭证，实现商品的真实可信的发行、购买、收藏、拍卖和使用。

从内容创作者角度来看，在智能合约的作用下，内容创作者对自己创造的数字化商品形成持续的收益分成，能够有效激发创作者的持续创作热情，加速了数字化商品的贸易流动性。

从消费者角度来看，NFT的核心在于非同质化，这就意味着NFT数字化商品具有唯一性和稀缺性，可以有效解决数字化商品的权益和归属问题，保护了消费者的权益。另外数字化商品的稀缺性也激发了用户的购买欲望。

从当前的现状来看，国内外市场的数字化商品变现能力较为显著，大众对数字化商品的热度有增无减。NFT为数字化商品的买卖双方带来了边际增量，从而激发了数字化商品的市场活力。

5.4　NFT与元宇宙的关联

当前，NFT正在以惊人的速度成长和壮大，对元宇宙的发展和有序运行起到了重要的推动作用。深挖NFT与元宇宙更多相关联的方面，就会发现，NFT的存在具有必然性。

5.4.1　NFT：连接元宇宙与现实的桥梁

元宇宙是一个将现实世界与虚拟世界相融合的、又独立于现实世界的全新世界。在元宇宙世界里，令人兴奋的不仅是融合，更重要的是元宇宙基于扩展现实技术提供的沉浸式体验，以及数字孪生技术对现实世界的映射。

元宇宙世界里映射出来的所有人、物、场都以数字化形式存在。无论现实世界还是虚拟世界，要想正常、有序运行，就必须有一个完备的经济系统作为核心要素。NFT具备的唯一性和不可替代性，使其成为构建元宇宙中数字身份、数字资产和数字经济系统的不二之选。NFT的出现使元宇宙中的数字物品资产化成为可能。

用户可以用现实世界的货币购买元宇宙世界里的虚拟货币，然后用虚拟货币购买元宇宙世界里带有 NFT 标记的数字化商品，并获得数字化商品在元宇宙世界里的唯一所有权。获得了数字化商品的唯一所有权之后，现实世界的用户还可以将这一数字化商品应用于现实世界，如前文中讲到的 NBA 巨星库里在 NFT 市场上购买了一个猴子的卡通形象，并将其作为自己在社交平台推特账号的头像来使用。NFT 实现了数字化资产在现实世界和虚拟世界的流通。

元宇宙本身允许每个用户进行内容生产和编辑。为了更好地满足用户对数字化商品的需求，需要现实世界的用户充分参与进来，产出更多的数字化产品。NFT 的可交易性，提高了用户制作数字化内容的积极性，从而吸引更多现实世界中的用户积极参与进来。

这样来看，NFT 作为数字资产是连接元宇宙与现实世界的桥梁。在 NFT 的作用下，更多现实世界用户参与到元宇宙内数字资产的产生、溯源、确权、定价、流转等环节中，有效加速了元宇宙经济体系的构建。

5.4.2　NFT：元宇宙价值创造的基石

我们判断一个全新时代的出现是否有价值，重点是看这个全新时代是否能带来更加高效的经济运行体系，是否能推动社会的发展，解开全新的财富密码。换句话说，就是全新时代能否为人类创造价值，而元宇宙能够实现价值创造的根本原因在于 NFT。

从经济运行体系来看，元宇宙世界里的所有物品和权益其实都是有实际价值的数字化资产，围绕这些数字化资产衍生出了可供买卖与交易的经济体系。在这个经济体系中，数字化产品从生产到溯源，从确权到定价，再到流转，每个环节都由 NFT 做了很好的支撑。因此，NFT 为元宇宙世界的经济系统奠定了基础，保证了元宇宙经济体系的高效、有序运转。

从社会发展来看，元宇宙中允许用户自由发挥天赋和创造力，进行内容创作。这有利于促进人的自由全面发展。在 NFT 的作用下，能够保证每一位用户对内容创作作品的所有权，有效保证了每位内容创作者的利益不受损害。从这一点来看，又进一步提升了内容创作者的创作积极性，有效促进社会向前发展。

从解开财富密码来看，互联网新势力打破了社会财富分配机制，而元宇宙的出现，使得虚拟财富在人与人间进行分配。元宇宙世界里，用户可以轻松创造，生成属于自己的数字化产品，并将其售卖。这些数字化产品会以 NFT 的形式流通，从而形成了元宇宙的价值流。这样的价值流会让元宇宙中的买家和卖家同时受益，从而达到获得利润的目的。NFT 无疑是元宇宙世界里的财富密码。

NFT 促进了元宇宙世界的价值创造，是元宇宙价值创造的基石。

5.4.3　元宇宙为 NFT 提供应用场景

造假事件在现实世界中频出，制假、售假行为令人深恶痛绝。在元宇宙世界里，绝大多数人会产生的一个疑问就是，当数字化产品也被模仿和造假时，如何保持产品的价值？这时 NFT 就有了用武之地。

在元宇宙世界里，从一件衣服到一件艺术品，从一张音乐会门票到体育赛事入场券，要想维持稀缺性和排他性，都需要借助 NFT 来实现。所有的无形的数字化物品都可以用 NFT 来表示。有了 NFT 在元宇宙中发挥作用，人们可以沉浸在元宇宙中，购买并积累更多的数字物品甚至虚拟土地。NFT 在一定程度上推动了元宇宙的发展，但反过来，元宇宙为 NFT 提供了应用场景。二者之间相辅相成。

也正是因为元宇宙世界里的各种场景，如数字艺术品、音乐会、体育赛事、游戏等场景中有关确权、追溯、定价等需求，才使 NFT 能够更好地发挥其应有的价值。

随着元宇宙的逐步发展，未来元宇宙将会演化成一个超大规模、机制开放、动态优化的复杂系统，这一系统下，元宇宙的应用场景会不断成熟和丰富，进一步使 NFT 在元宇宙领域的应用场景变得更加多元化。NFT 也将在元宇宙中以一种更加重要的"身份"发挥自己的"光和热"。

5.5 NFT在元宇宙中的应用

NFT 通常与特定资产挂钩。现阶段，NFT 还处于发展初期，在元宇宙领域的更多应用，则是用于证明数字资产的归属权，以此保护个人对数字资产应有的权益。基于这一点，NFT 在元宇宙世界中主要被应用于游戏、艺术品、收藏品、数字身份、数字音乐、知识产权等领域。

5.5.1 虚拟收藏品

现实世界里，那些世界名画成为众多收藏家急切想要收藏的对象。看到了巨大的收藏市场，就会有人去仿制此类藏品，以获取不当收益。所以现在市场中的赝品有很多。

再加上传统艺术市场中，作品溯源和真伪鉴定存在一定的弊端。很多作品在传播和流转过程中，因为各种因素而导致作者是谁都无法得知，甚至出现作品被抄袭的情况，逼真的赝品难以被辨别。这又让很多收藏家最终对眼前的藏品望而却步。

当艺术藏品在区块链技术加持下成为 NFT 之后，每一件藏品的归属权和流转信息都被清晰地记录在区块链上，成为数字化藏品。被 NFT 赋能后的艺术藏品在特定区块链拥有唯一的权利证明，而且保证了每一件数字化藏品的唯一性、可追踪性、不可篡改性，以及可验证数字化藏品在元宇宙世界里的真实性等。

由于现实世界的艺术藏品价格不菲，普通收入的民众几乎与艺术藏品无缘。但在元宇宙世界里，艺术藏品以数字化的形式存在，从传统的艺术藏品边界延伸到数字世界，不再局限于物理世界，而且在 NFT 的公平定价机制下，其价格为人们普遍可接受，人们花很少的钱就能购买到心仪的数字藏。高高在上的艺术藏品实现了收藏大众化，更多的人能以有限的花费成为数字艺术作品的收藏家，而且不需要担心收藏和流通过程中的安全性。数字藏品的收藏者不仅可以观赏藏品，还可以与他人分享收藏的见解和快乐。

2022年4月，福布斯集团在全球领先的加密货币交易平台FTX上，投放了100个由其打造的"虚拟亿万富豪NFT系列"藏品，并很快售罄。该系列藏品中，每个虚拟亿万富豪都配有引人瞩目的爱好和独特配饰，而且每位虚拟亿万富豪都会在发布的福布斯虚拟NFT亿万富豪榜上有自己的排名。

福布斯集团推出的"虚拟亿万富豪NFT系列"藏品，只是众多NFT虚拟收藏品中的冰山一角；FTX也只是众多NFT交易平台中的一员。NFT的发展为虚拟收藏品在元宇宙领域的崛起创造了巨大的契机。

5.5.2　作品版权保护

在传统的互联网时代，内容创作者的优秀作品往往存在被大量复制粘贴的风险。数字、图片作品可以在短时间内被零成本复制，并被无限次传播。被盗作品的源头追踪也成了一大难题。被盗作品的版权保护成为亟待解决的问题。

元宇宙世界鼓励广大用户积极参与内容创作，每位用户都可以成为内容创作者。这样，元宇宙平台上就会涌现出很多内容作品。为了保证每个内容作品的版权，元宇宙平台上会通过专门的协议，以此对买家所拥有的

NFT 享有权做出明确的限制和约束。

比如，在某个元宇宙平台上有这样的规定：买家在购买 NFT 作品时，也会同时获得相关的版权；也有的元宇宙平台会禁止买家将购买的 NFT 作品进行商业使用。

元宇宙中的每一个内容作品都具有唯一性，买家在购买前必须考虑每个元宇宙平台和每个特定 NFT 作品的相关权利限制，以避免因为侵权而带来的不必要的麻烦。因为 NFT 的唯一性、可验证性和不可复制性，作品在受到侵权后，很容易被溯源和查验，使得 NFT 作品的侵权追究变得简单很多。

目前，已经有很多作品借助 NFT 进行版权保护。

知名当代艺术家 WhIsBe 因为推出了软糖小熊壁画，在业内名声大噪。随后他为了更好地保护自己作品版权，将一部展示一个旋转软糖小熊骨骼的视频动画，发布在 NFT 综合交易平台 Nifty Gateway 上，以 100 万美元的价格售出。

总的来说，NFT 在作品版权保护方面的意义在于，为每个创意作品提供一个唯一的、有区块链技术支持的互联网记录。同时，基于 NFT 的不可复制和非同质化特点，可以通过区块链的时间戳、智能合约等底层技术的支持，为每一件内容作品进行版权登记，更好地保护作品的版权。

与传统的知识版权保护相比，NFT 还有一个特别之处——拥有自动执行功能，即通过NFT的核心智能合约，帮助内容创作者更加安全地追踪作品的流转情况，保护内容创作者的知识产权和版税利益。值得一提的是，NFT可以为创作者提供永久性知识产权保护和版税利益支持。比如，在NFT的智能合约中约定，每次作品被转售时，创作者都可以获得一定的比例的版税，在触发智能合约条件后，版税将在自动收取后转到创作者的账户当中。从这一点来看，在NFT的支持下，内容创作者不但可以获得永久的版权保护，而且在获取收益方面更加方便。

显而易见，NFT除了可以为原创作品提供资产所有权证明，还很好地丰富了版权应用的灵活性。未来，在作品版权保护方面，NFT会出现更多值得期待的应用。

5.5.3　限量版门票

与普通门票相比，因为限量版门票印刷数量有限，不是随时能买到，所以其稀有性使其更具特殊的纪念意义和收藏价值。

但实物门票，尤其是特殊材质的门票，保管并不容易。另外，实物门票的真伪鉴定十分困难，大部分门票就是简单的纸质印刷，也不会专门做防伪设计。

虽然当下电子门票的应用十分广泛，给票务行业带来了巨大变革。但电子门票也只是以二维码等形式呈现，缺乏纸质门票的精美设计感，又容易被复制，存在被非法倒卖的风险。

在元宇宙世界里，同样可以推出限量版门票，但在NFT的确权属性作用下，使传统门票能够以数字化形式存在，并且数字化门票拥有了可验证的唯一版本，很好地解决了以上难题。既不用担心容易损坏，还有效解决了门票造假的问题，更重要的是传统门票的精美设计得以保留下来。

不仅如此，NFT门票还可以开辟出更多创新玩法，比如有人将限量版门票进行转售时，NFT还能对其流转情况实现透明化，组织者可以通过区块链上的记录，轻松对购买者的身份进行验证。

NFT限量版门票在很多领域都有应用，如音乐会、体育赛事、艺术展览、旅游纪念、航空等。

以体育赛事门票为例。2022年2月，美国国家橄榄球联盟（NFL）与票务平台Ticketmaster联手，共同为"超级碗（职业橄榄球大联盟的年度冠军赛）"专门推出了NFT门票。凡是购买门票的球迷，都可以免费获得NFT门票。限量版NFT门票只是双方合作业务的一部分，除此以外，还专门为NFL的32家俱乐部设计限量版NFT纪念币，并进行售卖。

再以艺术展览门票为例。2021年9月，迈阿密的知名艺术展——SCOPE艺术展，与基于区块链的现场活动票务平台Yellow Heart合作，推出了以NFT形式出售的VIP门票。该门票是由艺术家打造的颇具艺术气息，并建立在区块链上的独家限量版门票，深受广大艺术爱好者的喜爱，吸引人们争相购买。

相信在未来，NFT 还会被推广至更多领域的门票业务，未来更多行业将乘上 NFT 列车，向元宇宙迈进。

5.5.4　数字身份设计

现实世界里，我们的身份通过身份证、手机号、护照、驾驶证等方式进行识别和认证，以此来与其他人的身份进行区分。

元宇宙世界里，用户以数字身份的形式出现，而且每一个现实世界的用户可以有多个虚拟账号和虚拟身份，用户的这些虚拟身份可以与现实世界的身份毫不相干、毫无关联。

这样的好处是，一个用户可以以自己喜欢的不同身份存在于元宇宙世界中；坏处是无法进行个人信用和身份等级的识别。

如果将用户的地址与交易行为制作成 NFT，并将其记录到区块链上，进行身份标记，当用户使用新地址时，可以将之前的地址生成的行为 NFT 授权给新地址，然后再由用户本人做签名操作，避免身份泄露，也保证了账户的不可伪造性。这样做，最大的好处就是数字化商品的卖方可以通过核查用户 NFT 的方式，识别账号的历史行为，进而更好地判断这个账号的个人信用和身份等级。最终，卖方可以做出是否与买方用户进行买卖交易的决策。

数字身份设计是 NFT 在元宇宙领域的又一个重要的应用方向，成为彰显用户个人信用、能力，甚至地位和财富的"身份证"。

5.6　警惕NFT泡沫背后的风险

当前，很多科技巨头已经洞察到 NFT 蕴藏的潜在价值，纷纷开始借助 NFT 从多维度来布局元宇宙。然而，甜蜜之下风险暗涌。在投资 NFT 的过程中，要用审慎的态度去看待，警惕 NFT 泡沫背后可能存在的风险。

5.6.1　警惕 NFT 安全风险

NFT 在具备唯一性、可验证性、公开透明性、不可篡改性、不可复制性等优势的同时，也存在一定的弊端，安全风险最应被重视。

NFT 存在的安全风险主要体现在以下三个方面。

（1）虚假交易平台

NFT 交易需要在 NFT 交易平台上完成。为了牟利，很多诈骗行为就会在 NFT 交易出现风口时趁机而入。在大批投资者涌入 NFT 市场的同时，也会有很多虚假的 NFT 交易平台出现。

那些对 NFT 数字商品感兴趣的人在网络上搜索交易网站时，就会出现成千上万的搜索结果，其中隐藏了许多虚假的 NFT 交易网站。如果此时难以分辨平台真假，就存在很大的安全风险。因为那些虚假的 NFT 平台上根本没有 NFT 商品。如果在这样的平台上交易，诈骗者就可以获取你在网站上输入的所有资料。通常，你只要提供浏览器插件钱包地址就可以进行交易，但诈骗者会要求你提供加密货币钱包的主密钥，并用你提供的信息窃取你钱包里的加密资产。

为了杜绝这类事情的发生，一定要选择合法、安全、主流的 NFT 交易网站。

（2）虚假技术帮助

虚假技术帮助也是常见的安全风险来源。有的用户在遇到技术问题时，就会出现自称是 NFT 交易平台的技术服务人员，主动为你提供技术支持。这类虚假的技术人员可能会要求你向其分享屏幕，谎称以此判断出现的技术问题，进而引导你无意间泄露加密货币钱包的密钥。

所以，无论在交易过程中出现任何技术问题，都不要轻易泄露你的加密货币钱包密钥。

（3）虚假官方提示

诈骗者也可能会冒充某个 NFT 交易平台，给你发来电子邮件，声称有人想要购买你的 NFT 商品。此时，还会附上一个链接，要求你点击后进入与买家沟通的页面。这样的链接通常就是诈骗链接，在引导你输入加密货币钱包密钥之后，就会轻松窃取你的数字资产。

以上是常见的三种骗局。实际情况中可能还存在各式各样的 NFT 陷阱和骗局。我们一定要擦亮眼睛，高度警惕这样的骗局发生。切记：

第一，要去正规、合法的 NFT 交易平台。

第二，有效识别合法 NFT 卖家，合法卖家账户名称旁有一个蓝色的认证标记。

第三，通过查看 NFT 创作者网站判断信息源的真实性。

第四，不要随意点开来路不明的链接。

第五，不要随意泄露加密货币钱包密钥。

5.6.2　警惕 NFT 作品交易泡沫

NFT 能够对一张图片、一张音乐专辑、一个 3D 模型、一张电子票证、一件游戏道具，甚至一个表情包进行加密，并基于其五大属性而形成一套有效的确权体系。

在 2021 年 3 月，推特发布的首条 NFT 推文被高价购买后，NFT 的商业价值迅速被发掘，NFT 也因此迅速"出圈"，走进大众视野，其市场也不断升温。各行各业争相投资，企图分得 NFT 领域的一杯羹。

在国外 NFT 市场火爆之际，国内市场也开始迅速跟进。截至 2022 年 4 月，国内数字藏品平台已超过 70 家，推出的 NFT 数字藏品涵盖了网络小说、漫画、音乐、音频、视频等领域。

仅 2021 年，阿里巴巴在鲸探上发行的数字藏品累计达到了 40 多套，总发行量为 300 万份，销售额超过 4000 万元。

2022 年 4 月 20 日，腾讯动漫在其 NFT 交易平台幻核上，对外发布了限定数字藏品，是很多知名国漫的 IP 形象。共发行了 4800 份，上线当天就被抢购一空。

2022 年 3 月 25 日，腾格尔联合腾讯音乐，在幻核上发行了《天堂》25 周年纪念数字黑胶，仅 3 分钟，8000 份数字黑胶就全部售罄。

显然，无论是 NFT 交易平台还是数字藏品玩家，对 NFT 作品交易的热情都十分高涨。但我们也不能忽视 NFT 繁荣背后的风险，警惕 NFT 作品交易的泡沫。

有的 NFT 数字藏品原价不到 10 元，但标价已经被抬到了上万元，甚至有人专门拿 NFT 数字藏品进行炒作。这种哄抬售价和恶意炒作的行为，只能让 NFT 数字藏品失去其应有的魅力，最终导致 NFT 数字藏品的价值归零。

目前，尚未正式颁布相关法律对 NFT 数字藏品领域进行约束和规范，我们更应当高度警惕 NFT 交易泡沫，树立合理的价值观，理性消费，确保 NFT 产品的价值有充分支撑。

当人们对 NFT 交易回归理性后，人们持有 NFT 作品的风险也就逐渐可控。在 NFT 的金融属性降低之后，其功能性价值也将更好地呈现，并在连接现实和元宇宙方面得到更好的体现。

第六章
探索传统产业接入
元宇宙的入场券

　　这个世界上唯一不变的真理就是：我们所生活的这个世界一直在变。元宇宙的出现改变的不仅仅是人们的生产、生活方式，更为各行各业带来千亿级的大市场。传统产业要想更好地接入元宇宙，就必须拿出自己的杀手锏——入场券。

6.1 零售业：嫁接元宇宙，重构人、货、场

元宇宙大火，给线上线下购物带来了前所未有的影响，加速了实体经济和数字经济的融合，也为零售业带来了全新的商业模式和产业关系。不论商业模式与产业关系如何改变，零售的基本要素是不变的，是离不开人、货、场三个要素的。零售业嫁接元宇宙，最重要的是重构人、货、场三要素。

6.1.1 人：面向数字形象的沉浸式营销

有人的地方就有流量，有流量的地方就有销量。

传统零售市场中的"人"，是真实的消费者，他们是包括人、货、场构成的整个营销体系中最核心的部分，是品牌和商家做营销面向并需要进行深度互动式沟通的对象。

在具体营销过程中，品牌和商家会通过两种渠道进行营销：

在线上，通过商品的销量分析消费者的喜好、习惯，通过消费者对商品的评价来判断商品的改进方向，通过线上店铺及商品的点击率的变动寻

找消费者的喜好变化。

在线下，主要以销售人员为推荐商品、进行营销的主体。门店的销售人员根据自己对用户的判断为用户做出推荐。

在元宇宙时代，零售业的"人"以及其有关的权益和行为等发生了巨大转变。

首先，消费者以虚拟数字形象的方式存在，零售商面向的是现实世界用户的数字形象。

其次，元宇宙虚拟世界是一个去中心化的世界，数据的所有权和使用权已经到了广大具有数字形象的用户手中。

最后，由于元宇宙中所有的数字化商品数据信息都被记录在区块链上，一切营销行为都变成了一种虚拟交易。

在这样的情况下，其营销模式自然也与传统的零售模式大不相同，我们可以称之为"面向数字形象的营销"。

与传统营销模式相比，元宇宙世界里的主动营销痕迹明显弱化了很多，更多的是通过数字替身的参与，潜移默化地达到推广营销的目的。

6.1.2　货：1∶1三维可视化增强现实技术

人们的生活离不开衣食住行，自然也就对物质有一定的需求。传统零售业的"货"就是实实在在的物，而元宇宙世界的"货"在形式上发生了翻天覆地的变化。

需求决定供给。在元宇宙世界里，"货"在整个营销体系中同样重要。不同的是，元宇宙世界中的"货"并不像现实世界中一样，是实实在在、看得见、摸得着、感受得到的物，而是借助数字孪生技术对现实世界进行的1∶1的复刻。所以，元宇宙里的"货"虽然以数字化的形式呈现，但在三维可视化技术的作用下，其更加逼近现实世界的真实货物，给人以视觉上更加真实的感受。比如，在元宇宙世界里，也会有衣服，有汽车……所有的这些商品在视觉感知上与现实世界中没有任何区别。

需要强调的是，虽然元宇宙中的"货"运用了1∶1三维可视化增强现实技术，但其本质和属性与现实世界中的货物有所不同。因此，这并不意味着元宇宙世界里的"货"也可以遵循现实世界的交易法则和逻辑。

理论上讲，任何人都可以在元宇宙中生产虚拟商品。但要想让元宇宙中的商业行为正常、有序进行，元宇宙法律和商业规则制造者需要借助授予生产资质的方式，约束元宇宙中虚拟货物的生产、流通和交易行为。

6.1.3 场：线上线下相结合的营销场景

在零售交易的过程中，"场"的重要性不容忽视。消费场景拉近了"人"与"货"之间的距离，从而帮助"人"完成全新的消费体验。

传统零售业的"场"，要么是线下实体店，要么是线上开设的网店。元宇宙世界里的"场"其实是线上与线下相结合的产物。如何来理解这一点呢？事实上，元宇宙的"场"本身就是在线上构建而成的，但其具有像传统线下实体店一样的属性，消费者可以像逛实体店一样在元宇宙的"场"里闲逛。

举个简单的例子：知名品牌古驰（Gucci），曾将品牌的虚拟展览搬上玩家自创的元宇宙游戏平台罗布乐思。在这里，游戏玩家以数字替身的身份，在古驰打造的沉浸式虚拟店铺中闲逛，可以随意试穿古驰的服装并拍下虚拟自拍照，也可以购买自己心仪的古驰限量版虚拟产品。

古驰似乎已经掌握了元宇宙的营销密码，充分挖掘了可以被利用起来的营销场景并为己所用，可以说是对元宇宙零售"场"的重构的一种大胆尝试。

6.1.4　美到家：虚拟数字人服务实现销售转化

随着零售业商业环境的不断变革，美妆行业已经走到了面向数字化转型的路口。美到家是一家为时尚人士提供美妆服务的平台，为了与元宇宙接轨，更好地提升销售转化，美到家探索并尝试了全新的营销模式——虚拟数字人服务模式。

美到家的电商虚拟数字人"Wendy"，主要应用于医美、配眼镜、发型搭配、珠宝试戴等8个销售场景。

"Wendy"是一位装载了专业美妆知识与面部分析图谱，并且集3D、

AR、AI 脸型分析技术于一体的虚拟数字人。"Wendy"之所以能够被成功打造，是因为早在 6 年前，美到家就已经建立了亚洲规模最大的妆容数据库和最全的化妆知识图谱，在人脸与商品关联算法以及 AI 化妆技术方面积累了十分深厚的"功底"。

"Wendy"的服务分为三部分。

（1）虚拟数字人直播导购

"Wendy"可以同时服务多个用户，并根据对每一位用户的观察，为其进行选品、推荐和产品试用，有效提升了商品成交量。

（2）虚拟数字人客服

"Wendy"有效弥补了普通线上客服难以做到 24 小时服务的不足，可以实现专业的一对一的陪伴选品。

（3）虚拟数字人导购

"Wendy"具有自动机器学习的能力，通过学习不同商品的特点，再加上几千名造型师和知名彩妆博主的经验，所以可以作为线下导购的替身，为商家服务。

美到家凭借"Wendy"的虚拟数字人服务，逐渐向元宇宙靠拢，在不同服务场景里真正实现了用户交互智能化、产品销售精准化、用户体验极致化、有效提升了美妆行业的销售转化，做到了真正的降本增效。

6.2 影视业：元宇宙带来内容与商业模式创新

当前，影视娱乐领域中的作品中已经有了元宇宙的概念。在影视行业接入元宇宙后，其内容与商业模式都迎来了史无前例的创新机遇。

6.2.1 影游联动成影视行业新业态

作为传统行业，随着元宇宙的兴起，影视行业也需要创新商业模式。很多影视公司开始进行大胆创新，将影视作品与游戏产业相结合，在强强联合下，为自身带来更加广阔的发展前景。

所谓影游联动，就是将影视与游戏的创作思维、美学风格相融合，使影视作品具有游戏风格、拥有游戏角色 IP、具有模拟游戏的特质，或者将游戏题材融入影视作品当中，呈现给观众。

影视和游戏本身都具有媒介属性，有强大的影响力、审美趣味，而且两者都是元宇宙的最好呈现渠道。将游戏融入影视作品当中，从影视文化产业的角度来看，有以下三方面优势。

首先，影游联动在 VR、三维空间的虚实层面有了更多的延展性，为实现"实景娱乐"的影游体验创造了条件，使得影视作品更加具有交互性和体验性，能够使影视作品更加逼真化、沉浸化。

其次，直接在影视作品中嵌入游戏虚拟角色IP，可以将游戏流量直接转化为影视作品的流量。

最后，直接将影视作品中的人物角色IP融入游戏当中，可以使影视作品的生命力得以延续。

这是元宇宙时代影视作品的一种新的呈现方式，也是影视行业未来的一种重要发展趋势。

影游联动中需要注意的是：

（1）具备IP化创作思维

影视作品IP要想融入游戏当中，就需要一些喜闻乐见、符合游戏玩家喜好、具有大众性文化的故事内容。比如我国四大名著中《西游记》《三国演义》里有很多经典的角色IP深受广大观众的喜爱，所以游戏《王者荣耀》里将孙悟空、杨戬、吕布、貂蝉等作为游戏角色引用其中，影游联动应当具备IP化创作思维。

（2）适合市场化运作

不论游戏融入影视作品，还是影视作品融入游戏当中，在影游联动的过程中，都要保证市场可期。只有适合市场化运作，才能更好地实现互利双赢。

影游联动是影视行业探索元宇宙的入局点，更是推动影视行业发展的创新模式。未来，随着元宇宙的发展与成熟，影游联动还会延展出更多的新思路，找到更多的突破点。

6.2.2　数字院线带来创新观影体验

近几年受新型冠状病毒肺炎疫情的影响，线下影院运营受到影响，线上观影成为人们的主流选择。但传统的线上播放渠道往往难以获得在线下影院观看时的临场感，观看体验较差。

元宇宙的出现恰好为影视行业带来转机，数字院线成了影视行业的新机会。

在数字院线里，用户通过 VR 头显设备，足不出户就可以观看 3D 影片，能够获得极佳的沉浸式观影体验。再加上 5G 技术、云计算的加持，用户在数字影院能够直接播放存储在云端的影片，影片画面优质、无卡顿，最大限度地保留了原影片的质感。

元宇宙的底层技术使数字影院为用户带来全新的观影模式，打破了用户对传统观影模式的倦怠感，对这种创新模式产生了极大的兴趣。数字影院是对传统观影模式的一种革新。

电影是人们了解元宇宙的重要窗口，与元宇宙的关系颇为紧密。站在元宇宙风口上，走数字院线道路，可以给当前的影视行业带来新的生机。

6.2.3　现在电影：NFT 虚拟藏品打开元宇宙大门

现在电影是一款专门播放电影的 APP，用户不仅可以在线分享给好友，和好友一起观看热门大片，还可以在平台上购买电影票。

2021 年 9 月，现在电影 APP 在对接元宇宙的过程中做了一件大事：将珍藏版《午夜时刻》的数字封面作为 NFT 藏品进行限量发售。

本次限量发售的 NFT 藏品包含了《午夜场》创刊号、末刊号以及其他六期的杂志封面数字版，共发行 1040 件。其中，有 520 件做线上销售，其余的以拼手速抢 NFT 红包的形式回馈用户。藏品发布后便引来了用户的疯狂抢购，上线 30 分钟内就被抢购一空。有两名用户凭借惊人的手速，顺利集齐了八款数字封面 NFT 藏品。这足以见得用户对电影元宇宙 NFT 藏品的青睐。

此举可谓是开创了中国电影元宇宙的新篇章，也让入手这款 NFT 的用户更好地体验到了打开元宇宙新世界大门的兴奋感。现在电影对 NFT 藏品的探索使影视行业在走向元宇宙的道路上迈出了具有深远意义的一大步。

6.3　游戏业：元宇宙重新定义游戏规则

游戏是人们重要的休闲娱乐方式之一，随着科技的不断进步，游戏产业也在不断更新和迭代中演进。元宇宙作为众多关键技术的集合体，它的出现可以说是重新定义了游戏规则，推动了游戏产业的发展。

6.3.1　实现"边玩边赚钱"模式

游戏领域的玩法规则有以下四种模式。

（1）付费体验模式

即用户需要先付费才能体验游戏。如《暗黑破坏神》《蝙蝠侠》等。

（2）付费即能赢模式

即用户只要付费，就能获得比普通玩家更多的优势。如《诛仙》《剑灵》《倩女幽魂》等。

（3）免费体验模式

即用户可以免费体验游戏，但如果想要获得更好的游戏体验，还是需要支付一定的费用。如《王者荣耀》《英雄联盟》等。

（4）边玩边赚钱模式

边玩边赚钱模式是一种全新的游戏玩法。这种模式下，游戏公司已经不再是收益的主要获得者，大部分收益被玩家获得。玩家也不必像以往一样只有充值才能获得良好的游戏体验，而且可以在玩游戏的过程中赚得属于自己的数字资产，然后可以将数字资产兑换成现实世界的货币，从而获得可支配的收入。

前三种模式下，玩家基本上是消费者，需要付费才能获得更好的游戏体验，比如换一款更加酷炫的皮肤、换一个火力更猛的武器等。游戏运营商在整个体系中赚到了真金白银，玩家则与收益无缘。

第四种模式能够让玩家边玩边赚钱。有效的获利机制让玩家更加愿意参与进来，从而形成了一种良性的循环机制，保证了游戏行业的生生不息。与此同时，边玩边赚钱模式也代表了元宇宙游戏的未来发展方向。

6.3.2　玩家自由发挥设计游戏环节

如果说游戏模式是骨骼，那么游戏内容就是血肉。没有游戏内容做支撑，再美好的"骨骼"也会看起来十分骨感。

传统游戏的内容设计任务是由专业的游戏开发者、设计者来完成的，游戏中有什么任务、如何完成任务才能提升等级、需要使用什么道具才能取胜等，这些都是由专业人士制定的，玩家并不能参与到游戏设计当中。

游戏的生命周期取决于游戏体验。如果玩家无法获得良好的参与感、体验感，在游戏平台上的黏性自然就会减弱。这就需要游戏领域寻求全新的具有互动性、开放性和包容性的游戏模式，保证整个游戏体系的平稳运行。能够实现这种游戏模式的最好方法就是接入元宇宙。

元宇宙世界里，用户可以自由发挥创造天赋，设计和打造数字化物品和内容。游戏产业接入元宇宙后，游戏平台可以最大限度地降低操作门槛，给玩家创造更多发展的机会，玩家可以充分参与到游戏的设计中。比如搭建自己喜欢的游戏场景、设计自己喜欢的游戏风格，甚至还可以建造精美的花园、邀请好友开一场酣畅淋漓的派对、举办一场别开生面的个人展等。

这种充满新鲜和未知的游戏方式，与传统游戏相比，没有任何剧本，玩家是整个游戏的策划者，给予了玩家充分的自由度、参与度，最终使这个类现实的虚拟世界变得更加丰富。可以说，玩家可自由发挥设计游戏环节是游戏领域发展的一个里程碑。所以，元宇宙游戏没理由不火爆。

6.3.3　全息＋虚拟现实，游戏更具沉浸感

当前的游戏设计，虽说在沉浸感方面有了很大的提升，但还是比较有限。大多数玩家只能在 PC 端或手机端屏幕前进行操作。但游戏领域一旦真正入局元宇宙，就会在元宇宙关键技术的加持下，构造出全息＋虚拟现实的游戏环境，届时，玩家会获得更好的游戏沉浸感。

打造全息虚拟现实游戏，重点是需要借助全息投影技术。全息投影技

术其实是 3D 技术的一种，是利用干涉原理记录并再现物体真实的三维图像的一种技术。

全息投影技术和虚拟现实技术的协同为游戏玩家带来巨大的惊喜。

一方面，全息投影技术更加逼真地模拟真实世界的游戏环境，使得游戏空间的 3D 效果呈现更加逼真。

另一方面，虚拟现实技术的使用使用户戴上 VR 头显设备就能进入虚拟现实游戏当中，更好地感受全息投影技术下的逼真游戏效果。

这样，玩家就可以玩到一款真正意义上的元宇宙游戏：借助全息投影技术，将现实世界进行大面积的全息投射，动态生成敌人和障碍，分布在玩家周围的环境中。玩家和同伴通过佩戴 VR 头盔，手持武器，穿梭在都市之中，与虚拟敌人进行对决。这样的游戏场景既给人真实感，又能让玩家收获刺激的游戏体验。

全息 + 虚拟现实技术的共同作用下，实现了游戏玩家在虚拟世界与真实世界的完美互动，为元宇宙的沉浸体验奠定了基础。这也是游戏产业最理想的发展方向。

6.3.4 《堡垒之夜》：推出"派对世界"模式构建元宇宙

《堡垒之夜》是一款射击建造游戏。与传统游戏不同的是，在这款游戏中，玩家不仅能通过游戏收集材料来搭建房屋，还可以抵御外敌的攻击，甚至可以创建自己的岛屿。

从游戏内容来看，《堡垒之夜》已经有了元宇宙的"味道"，也因为这样极具创新的玩法，让玩家爱不释手。

随着元宇宙时代离我们越来越近，《堡垒之夜》为了更好地迎合元宇宙发展趋势，在玩法上做了更多方面的转型尝试。其中值得一提的是，《堡垒之夜》通过推出"派对世界"模式构建元宇宙。

《堡垒之夜》的两名玩家成员分别开发了两个派对世界，并将其命名为胡桃世界（Walnut World）、深夜休息室（Late Night Lounge）。在这两个世界里，玩家之间可以自由进行社交、闲逛、玩迷你游戏等活动。

例如，2020 年 4 月，著名说唱歌手特拉维斯·斯科特（Travis Scott）就在《堡垒之夜》上举办了一场十分热闹的生日派对活动，这是一场史无前例的活动，吸引了众多玩家参与其中，同时在线玩家人数高达 1230 万，打破了游戏史上最高同时在线人数纪录。

《堡垒之夜》的这一创新玩法充分发挥了玩家的价值与才能，强化了玩家与玩家之间的互动性，使其与元宇宙领域的距离更近一步。

6.3.5　Axie Infinity：多维度构建创新商业模式

Axie Infinity 是一款在线视频游戏，游戏中设置了一款叫作 Axies 的生物，玩家可以对这款生物进行收集、饲养和交易，并通过执行个人任务、社区任务获得相应的奖励。

Axie Infinity 在推进元宇宙布局的过程中，做了以下两方面的工作。

（1）打造 NFT 化游戏资产

Axie Infinity 平台上叫作 Axies 的生物，其实是以 NFT 的形式存在的。这样玩家就可以获得这款数字生物资产的所有权，并有机会通过交易获利。除此以外，Axie Infinity 平台还支持用户购买 NFT 形式的虚拟土地。

2022 年 2 月，Axie Infinity 平台上发布的第一个 NFT 系列产品的销售额达到了 40 亿美元，而单个 Axies 的售价接近 80 万美元。

（2）玩转"边玩边赚钱"模式

Axie Infinity 在其游戏中采用了"边玩边赚钱"的模式。在 Axie Infinity 平台上设有两种代币，玩家可以通过玩游戏赚取代币的形式获得奖励。在交易过程中，所有收益中的 95% 归玩家所有，剩余的 5% 则流入"社群金库"，以确保 Axie Infinity 的游戏运作成本以及活动奖励的资金来源。Axie Infinity 的这种"边玩边赚钱"模式可以将数字身份、数字资产、数字所有权都集中在玩家手中，这也是很多玩家都愿意加入 Axie Infinity 游戏平台的原因。

由此来看，Axie Infinity 从多维度布局，使其与元宇宙非常相似。也正是如此，Axie Infinity 被外界认为是目前最具元宇宙"气质"的平台之一。

6.4　文旅业：元宇宙为文旅产业实现高质量创新发展赋能

元宇宙的出现为文旅业带来了全新的机遇。搭上元宇宙的风口，文旅产业将实现高质量创新发展，并打开更加广阔的想象空间。

6.4.1　数字孪生技术赋能用户旅游新体验

元宇宙为旅游产业带来了良好的技术应用场景，让设计者打开"脑洞"，借助数字孪生技术进行创新。

数字孪生技术相比普通的数字化建模技术，其最大的优势在于，它不仅能结合物理实体进行 1：1 的 3D 建模，更重要的是引入了现实世界的各种规律和法则，能接收现实世界实时信息的变化来驱动 3D 模型数据的实时自主演化，同时还能反过来实时驱动现实世界，进一步优化和改变现实世界，让现实世界变得更加美好。

文旅产业与数字孪生技术结合，为构建用户的全新旅游体验打下了良好的基础。

（1）构建沉浸化旅游场景

"沉浸感"是元宇宙最大的特点之一。旅游业在接入元宇宙之后，在数字孪生技术的推动下，最突出的表现一定是沉浸感。旅游行业在结合云渲染与数字孪生技术后，可以高度复刻景区内的一草一木、历史遗迹，甚至景区内的每个细节都可以实现逼真的虚拟化呈现，为景区运营打造了实景化旅游内容。用户只要戴上 VR 穿戴设备，即便足不出户，也能畅游山水之间，切身感受景区风景的魅力、感受四季景色的变化。

（2）提供高效精准服务

"用户为王"是当下各行各业的服务宗旨。忽略了用户感受的服务无法俘获用户的芳心，难以有效聚集流量，为自身带来高效转化。在数字孪生技术下复刻的现实世界的镜像世界里，景区的每一寸土地、每一株花草都能在旅游元宇宙平台上一一呈现。当游客有对景区风貌预览、文化价值了解需求时，平台可以快速、即时、准确、高效地为用户展现，有效提升用户的服务体验，甚至可以为用户有效规划浏览路线，让游客在最短的时间里饱览自然风景的壮美。

游客的需求会随着时代的发展不断发生变化，从过去的走马观花，到如今的渴望沉浸式体验，对旅游业提出了更高的要求。数字孪生技术赋能旅游业，让真正的"用户为王""体验为王"落到实处。这是未来旅游业面向元宇宙的一个重要切入点。

6.4.2　数字孪生技术推动景区智慧化管理

当下，旅游行业有一个亟待解决的难题，那就是景区智慧化建设落后，难以实现景区的智能规划。将元宇宙的关键技术数字孪生技术应用于旅游业，这一问题就迎刃而解。

数字孪生技术的研究方向包括：可视性，即通过不同的展示方式将现实世界展示出来，让别人看到；连接性，即通过感知器、感应器，实现实时接入；分析性，即具有越来越强的分析能力；模型粒度，即通过技术手段，对原型进行更高精度的还原。

基于以上几点，可以将现实世界的景区进行 1：1 复刻，然后将数据上传到元宇宙旅游平台，并将其整合成一张"旅游管控图"。这样，景区旅游平台就能实现多种场景的有效管理。

（1）统揽景区综合态势

通过这张旅游管控图，管理人员可以实时、高效地获取景区中基础设施、管理运营等必要的数据。这些数据是管理部门统计、分析景区运营情况的重要依据。通过这些数据，管理部门可以全面掌控景区运行的态势。

（2）实时监测景区客流

通过对这些数据的掌握，可以明确客流人数、客源分布。当客流量超过预设数量、触发智能合约条件时就会自动报警，为管理者进行流量控制、人员疏导等工作提供有力支持。

（3）为景区提供有效管理方案

"旅游管控图"不仅能有效解决景区信息不对称、不规范的问题，还能为景区管理提供有效的管理方法。然后将经过反复试验后的科学、有效的管理方案推行到真实世界的景区管理当中，如应急指挥调度、预案可视化部署等。

总之，旅游业在触达元宇宙领域之后，可以使景区实现数字化、信息化和智能化管理，提升景区整体管理水平，旅游业也会因此迎来更大的发展。

6.4.3　加快景区虚拟资产数字化建设

很多景区内或景区附近会有一些商店售卖旅游文创产品、限量版门票、非遗产品展览等。这些有纪念意义的产品和门票对游客的吸引力巨大，他们往往会觉得拥有一两件文创产品才不虚此行。他们甚至觉得如果能拥有一件非遗产品或者一张限量版门票，更是人生一大幸事。

但文创产品、限量版门票和非遗产品的商业价值就决定了它们的售卖价格，而且由于其稀有性，并不是每个人都能买得到。景区虚拟资产数字化建设则可以很好地解决这些问题。

景区元宇宙平台上，所有的文创产品、限量版门票、非遗产品都被数字化，以 NFT 的形式呈现。有收藏需求的用户完全可以使用平台代币购买，即便是要集齐全套产品，也不用担心因花销过高而承担不起，甚至还可以多买几件 NFT 产品以转送自己的亲朋好友。

目前，景区发售的数字藏品的单价都不高，而且是限量发售。除此以外，购买 NFT 数字藏品，与游客去景区旅游购买纪念品还存在些许不同，那就是花费不多就可以拥有一个独一无二的数字藏品。

2022 年 5 月 1 日，八达岭长城景区联合飞猪旅行和鲸探发布了八达岭长城大门票和数字藏品《马足龙沙》NFT，限量 5000 份。艺术家在结合了八达岭和龙的经典特色之后，设计出来的 NFT 美感十足。更重要的是，一份 NFT 的售价才 9.9 元，导致上线后很快就被一抢而空。在售卖过程中，因为抢购用户太多，而一度使系统崩溃。

NFT 使得虚拟资产数字化，其具有链上时间戳、数字权益证明的特点使旅游景点的虚拟产品、门票等获得了被拥有、收藏、展示、转售以及炫耀的资本，既满足了游客观赏、收集的兴趣，也满足了其社交需求。加快景区元宇宙平台虚拟资产数字化建设，是旅游业一个重要的盈利渠道，可以为旅游业带来更多的收益。

6.4.4 借文化IP打造元宇宙旅游项目

文旅行业中，文化是促进旅游产业发展的重要因素。当文化资源符合人们价值观、与人们的情感产生强烈的共鸣后，文化资源就逐渐转化为文化IP。

元宇宙给文化IP经营与文旅项目带来了全新的机会。借助文化IP打造元宇宙旅游项目，是当前文旅产业入局元宇宙的一个重要渠道。

将文化IP融入元宇宙旅游项目中，让游客感官上认识到经典文化IP与旅游产生了关联，从而激发游客的情感消费。

关圣古镇就是一个典型案例。关圣古镇以关圣IP和三国文化IP为主题，打造了一个元宇宙旅游项目。该项目将关圣古镇1∶1复刻，并结合实时渲染技术，将景区的景观、光照以及天气效果等精准地呈现给游客。此外，该项目结合相应的建筑风格和场景，打造了沉浸式体验空间，游客可以享受全时段、全体验、一站式的旅游体验。

再以三星堆文化为例。众所周知，三星堆出土的文物是宝贵的人类文化遗产，三星堆文化对我国文化的影响十分巨大。为此，三星堆考古发掘现场首次使用数字孪生技术，打造了"三星堆数字孪生云平台"，从而开创了全新的元宇宙旅游项目，赋能新一代"云上博物馆"建设。该项目以三星堆文化IP为主题，结合高精度激光雷达扫描、高清全景影像获取技术，以及 5G、AR、MR 等技术，1∶1 还原了历史遗迹，构建了虚拟历史场景，让 4000～5000 年前的文化再现于我们面前。

元宇宙旅游最大的特点就是可以进行时空的转换，可以将远处以及远古的人、景等实时地投射在我们周围，形成一个孪生世界。元宇宙给文旅业提供了一个很好的机会。结合文化 IP 的魅力构建的元宇宙旅游项目，重新定义了文旅业，使得文旅业焕发出新的活力。

6.4.5　迪士尼：无缝结合虚实世界，重新定义乐园体验

文旅业拥抱元宇宙是大势所趋，在看到了这样的必然趋势后，迪士尼也开始进军元宇宙。

迪士尼进军元宇宙的主要战略就是打造沉浸式乐园。该战略的一个关键方面是借助 AR 技术、计算机视觉、增强现实、人工智能和物联网技术，将现实世界与虚拟世界结合，打造一个沉浸式元宇宙乐园。

迪士尼运用《冰雪奇缘》的 IP，与先进的技术相结合，如运动追踪、渲染引擎等技术，打造出了一个非常有代入感的虚拟冰雪世界。游客可以借助可穿戴设备进入元宇宙乐园，沉浸在冰雪奇缘的世界当中，感受冰雪世界的奇美。甚至还可以将虚拟画面和现实场景相结合，让游客体验到冰雪世界的寒冷，获得增强虚拟现实的体验。

迪士尼打造的沉浸式乐园，不仅在感官上给游客带来真实性，还十分注重互动性。在这个沉浸式乐园里，游客还可以自由扮演相应的角色，做自己想做的事情，甚至还可以创造其他角色。

例如，迪士尼专门打造了一个为虚拟现实而生的城堡——The Void。游客带着 VR 头显设备就能进入这个虚拟城堡，在这里可以自由走动，还可以获得科幻电影般的枪战体验。在 VR 头显设备的辅助下，游客虽然在现实世界中一个小区域内行动，却能够在这个城堡里逛得不亦乐乎。

虽然元宇宙目前尚未成熟，但迪士尼的这种虚实世界相结合下打造的全新乐园体验已经非常接近元宇宙了，其不但为游客带来感官上的全新体验，而且能让游客之间进行互动。这样的全新旅游方式颠覆了人们对传统旅游的认知，迪士尼的这种创新沉浸式玩法也为主题公园提供了新思路，是一次成功的尝试。

6.4.6 《大唐·开元》：全方位探索元宇宙旅游变现路径

大唐盛世使得现代人对于唐朝时的繁华十分神往。所以很多人都会慕名前往古都西安打造的大唐不夜城打卡旅游，感受盛唐风情。

2021 年 10 月，西安数字光年软件有限公司与大唐不夜城联合打造了首个基于唐朝历史文化背景的元宇宙项目，并将其命名为《大唐·开元》。

《大唐·开元》项目其实更像是带领游客通往数字虚拟世界的通道，让游客不论身处何地，都能在线上游览大唐不夜城。

《大唐·开元》作为元宇宙项目，共做了以下两方面的布局。

（1）打造建筑沙盘

为了更好地复原长安城的繁华风貌，西安数字光年软件有限公司与国内知名数字古建筑团队明城京太学和史图馆合作，借助数字孪生技术按照1∶1的比例搭建了长安城建筑沙盘。用户可以在线参观主体建筑的建设进程，并能参与到建筑沙盘的未来规划和建设中。

打造建筑沙盘只是构建元宇宙空间的第一步。在此之后，会逐渐对公共设施、经济系统等进行完善，以此构建一个更加完整的大唐盛世元宇宙世界，吸引更多的用户通过端口进入该元宇宙，领略唐朝的繁华。此外，用户还能邀请自己的好友进入，大家一起游玩互动，并在这里购买相关物品。用户走在镜像虚拟世界中，仿佛置身在真正的大唐不夜城中一般，真实感、沉浸感十足。

（2）发行数字藏品

大唐不夜城本身就拥有深厚的唐朝文化底蕴，有独特的IP价值。所以，西安数字光年软件有限公司借助大唐不夜城的IP价值，开发和创新了基于IP的衍生NFT数字藏品：大唐开元·钟楼和大唐开元·小雁塔。这两个数字藏品是以3D的形式还原古建筑形态和细节构建而成的。

2021年11月，这两个NFT数字藏品在蚂蚁链宝藏计划上线，共发行

10000 份，上线后很快就售罄。

《大唐·开元》以"元宇宙 + 文旅"的形式，在虚拟空间中盘活了现有景点，还借助开发的 NFT 数字藏品拓展了文旅变现路径。这一系列创新有效地培育出了旅游产业新的产品形态，带来了生产方式和消费模式的变革，值得文旅产业学习和借鉴。

6.5 教育业：元宇宙描绘全新教学图景

当下，作为传统行业中的一员，教育领域也开始向元宇宙靠拢，寻求最佳的方式在元宇宙领域"着陆"。教育与元宇宙的深度融合，将会为教育行业描绘出一幅全新的教学图景。

6.5.1 创建虚实相融的情景教学模式

一直以来，传统教育的主流模式都是线下教学模式。随着科技的进一步发展，越来越多的媒体教具应用于教学过程中，给原本单调的学习模式增添了灵活性、多样性。

元宇宙通过虚实相融的情景教学模式为学生打造了一个全新的镜像教学场所，使传统教育变得更加丰富多彩。

受到传统课堂的局限性，老师和学生难以随时走出课堂去领略更多课堂之外的精彩世界。通过数字孪生技术，可以为学生打造课堂之外的教学场景。

元宇宙与教育相结合打造的虚实相融的情景教学模式，与传统课堂教学模式相比，其优越性主要体现在以下三方面。

（1）高度沉浸

在虚实相融的教学实践场景里，教师和学生戴上 VR/AR 头显设备，仿佛"穿越"到了教科书所讲述的有趣场景中，通过感官感知到自己周围的所有事物。

比如，在一场研究动物的生物课上，我们无法走进现实世界的动物园去观察一头狮子的生活习性，但我们可以在数字孪生技术作用下对现实世界进行 1∶1 复刻，然后在这个虚拟现实相结合的元宇宙世界里走进动物园，走近狮子，去近距离观察狮子的一举一动。我们甚至还可以靠近这头狮子，去抚摸它的毛发，与它玩耍等，感受它与其他家养宠物的不同之处。

虚实相融的情景教学模式，一方面通过更具趣味性、更具真实感的学习场景有效提升了学生的学习兴趣，另一方面最大限度地减少了安全隐患。

（2）互动性强

在虚实结合的元宇宙学习场景中，学生不仅是学习者，还是实践者。他们在老师的引导下，不但丰富了知识和认知，还能通过互相交流和帮助，有效提升动手操作能力。

（3）从二维空间升级到虚拟三维空间

传统的课堂学习场景中，虽然也可以借助媒体教学工具来辅助教学内容，但这种教学模式只能以二维空间的形式向学生展现学习内容。虚实相融的元宇宙教学实践场景中，所有人、物、场都是以三维立体的形式展现出来的，把课本知识变为眼前真切的感受，让学生对知识的理解更加深入，对学习更感兴趣。

与传统课堂模式相比，元宇宙情景教学模式通过"虚为实用"和"虚实互补"，很大程度上激发了学生对获取知识的热情，并且鼓励和锻炼了学生的动手实践能力，有效提升了教学质量。

6.5.2 随意切换到任何跨时空环境场景

传统的教学模式下，教学活动通常在一个固定的教室进行，这会对那些具有探索性质的课程，如宇宙探索、古文明探索、深海探索等，产生很大的时空限制。

教育领域接入元宇宙之后，可以打破时间和空间限制，实现教育时空环境场景的随意切换。如果是一堂有关了解宇宙天体、探索宇宙奥秘的课程，传统教学模式下，受客观条件的限制，教师和学生坐上宇宙飞船向宇宙进发难以实现。但元宇宙世界可以借助科学家对宇宙世界的了解和认知，为我们构建一个逼真的虚拟宇宙世界。只要连接上进入元宇宙的端口，老师和学生就能轻松进入外太空，看到地球自转的整个过程；走近土星，了解土星光环的组成物质，甚至可以登上月球，对月球地貌进行探索等。

进入元宇宙世界，学生甚至可以穿越到古代，目睹楼兰古城往日的繁华，经历楼兰古城的灭亡；还可以进入史前世界，近距离观察恐龙；穿梭在马里亚纳海沟中；走近亚马逊雨林，近距离接触世界上最强大的昆虫等。

所以，不论学生在哪个国家、哪个地区，想要去哪个时代，戴上 VR 头显设备就可以随意切换时空场景，来一场与众不同的远程课程。这种元宇宙教学模式既能提升课堂效率，又能使学生获得良好的学习体验，还能培养学生的想象力和交互力。

6.5.3 实现跨学科学习、循环教学

众所周知，传统教学模式下，学生选了什么课程，这一学期甚至整个在校学习阶段就只能学什么课程，学校不会专门开辟出与学生专业无关的学科供其学习。这一点对于那些对其他学科感兴趣的学生来讲显得过于刻板。

另外，从学校层面来说，节约教育成本、发展节约型教育也是成本管理中的重要一环。购买昂贵的教学设备对学校来说是一笔不小的开支。而且这些设备还存在损耗和损坏的问题，对于非专业人员来讲，专业设备的维护也存在很多难点。

教育行业接入元宇宙后，会通过新的教学模式，在两方面实现破局。

（1）跨学科学习

元宇宙在 VR/AR、5G、人工智能、云计算等诸多关键技术的协同下构建而成，教育领域接入元宇宙之后，可以使教育实现线上远程智能交互。届时，不同学科的教学场景、教学内容都可以在元宇宙教育平台上呈现。由此，不管什么学科，只要有学习需求，都可以在元宇宙教育平台上自由转换，并实现无缝衔接。

（2）循环教学

元宇宙教育能够有效解决教育成本问题。元宇宙教育可以借助数字孪生技术，对现实世界中的教学设备进行 1 : 1 复刻，在模拟机械设备的同时，能够辅助教师进行教学。更重要的是，这些复刻的机械设备可以反复、循环用于教学过程中，有效节约了教育成本，改善了教育资源的不均衡问题。

总而言之，对传统教学模式进行变革是大势所趋。当教育遇上元宇宙，只要探索并创新好的教学模式，无论对于教师还是学生，或是学校、教育机构来讲，都是十分有利的。

6.5.4　借虚拟教师打造陪伴式教学方式

教育领域，教师进行教学活动需经过三个阶段：读懂心灵、教书服务、陪伴成长。

这三个阶段缺一不可。读懂学生心灵，才能知道为学生提供什么样的教学服务，但在教学活动中，更需要注重对学生的陪伴。事实上，陪伴式教育更有助于学生遇到问题时及时帮助学生答疑解惑，促进学生快速进步和成长。

当前，传统教学模式下，前两个阶段都能轻松完成，但陪伴式教学却难以实现。因为放学后，学生和教师都回到各自的家中，学生在做课后作业的时候并不会有教师陪伴左右。

元宇宙为教育赋能后，在元宇宙教育平台上，教师以数字形象的形式存在，并且实现高度仿真。学生遇到任何学习方面的问题都可以得到虚拟教师的帮助。此外，学生在元宇宙世界里完成课后作业，虚拟教师可以全程陪伴，监测学生作业情况，辅助学生高效完成学习任务。

虚拟教师陪伴式教学方式，突破了传统课后教育的空间局限性，可以实现对学生的全天候实时陪伴学习。并且，与线上视频陪伴相比，互动式学习使得虚拟教师的陪伴式教学方式更具临场感。可以说，虚拟教师的陪伴式教学方式，是一种智慧教学范式，也是未来教育变革的一个重要方向。

6.5.5　真正实现寓教于乐

虽然人们对游戏的看法不一，但通过游戏可以让人变得勇于挑战与闯关，让人变得更加有战斗力，更能通过游戏获胜而获得满足感和成就感。这些功能也是公认的。这些也构成了游戏精神的本质。

基于这些本质，可以将游戏作为教育中知识的载体，可以通过创新方式将游戏利用起来为教学服务。元宇宙的出现为教育领域实现寓教于乐带来了契机。

元宇宙教育平台上进行寓教于乐教学模式的创新，要满足以下条件。

首先，要打造一些逼近现实世界的、迎合不同年龄段学生喜好的智力游戏，以此吸引学生的参与。此外学生还可以邀请自己的同学一起参与、互动。

其次，要设置一定的竞争机制，这样才能充分发挥他们的想象力与创造力，激发他们挑战自我的积极性。

再次，要将游戏与学习知识相结合，让学生在玩游戏的过程中掌握更多的知识内容。

最后，要借助智能合约对长时间沉迷游戏的学生进行约束，可以设置一定的游戏时间，一旦触发了时间节点，游戏就会自动终止，学生在元宇宙中的账户就会自动退出。

这种教学方式在元宇宙教育中可以达到相当不错的效果：既提升了学生的学习兴趣，提高了学生的学习效果，又保证了学生不会长时间沉迷游戏，实现了真正意义上的寓教于乐。

6.5.6 实现教学方案、学习空间定制化

传统教学模式下，通常是教师在教室中向学生传输知识，教师教的方法单一，学生学的方法也单一。要知道，每个人都有自己的个性化性格和不同的兴趣方向，并且在学习能力方面也存在差异性。单一的教学模式，使得学生不能很好地掌握所学内容，在提升教学效果方面必然会大打折

扣。这种教学模式急需进行一次有效的大变革。

元宇宙教育可以促进这种传统教学模式的变革，主要体现在以下两个方面。

（1）打造定制化教学方案

元宇宙鼓励每个用户自由创作内容，所以教师可以根据学生的学习兴趣、思维习惯、学习能力等为不同的学生制订个性化教学方案。这样就真正做到了因材施教，学生再也不必接受单一的教学模式。

（2）打造定制化学习空间

虚实结合的元宇宙教育世界能根据学生的心理喜好为其定制个性化个人学习空间，以满足其对学习空间的心理需求。学生进入虚拟学习空间后，可以很快地切换身份，进入任意一个虚拟学习空间进行学习。

总之，元宇宙教育平台上打造的定制化"理想课堂"的灵活性很高，可以为学生提供更加广泛和丰富的定制化教学资源。这种更加人性化的学习方式有利于实现个性化教育、有利于实现个人能力的定向培养、有助于实现学生乐于学习的正效循环。

6.5.7 Virbela：虚拟校园带来接近真实的学习体验

Virbela是一个专门解决远程协作挑战而构建的虚拟世界平台，能同时容纳数千名用户。在该平台上，用户可以通过自己的数字身份，打造虚拟校园。

在 Virbela 构建的虚拟校园中，虚拟教师可以展示文档、播放视频，甚至可以通过重新打造学习空间，满足学生的个性化学习需求。学生在这里可以学习，还可以参加校园活动。这里的一切环境氛围都跟现实世界极为相似，仿佛置身在现实世界中的校园。

2020 年，美国达文波特大学在 Virbela 平台上创建了一个定制的虚拟校园，并将其命名为 Davenport Global。这个虚拟校园是对达文波特大学进行的 1∶1 的复刻，所以现实校园中的各种文化课和实践体验，包括互动礼堂、私人补习室等也都应有尽有。这样，即便现实世界受到客观条件的限制，学生无法正常去学校上课，但也丝毫不影响学生的上课进程。教师完全可以在虚拟校园里制定教学目标，学生完全可以在虚拟校园里完成学习任务，使教师和学生能够获得如同身处真实校园一般的归属感。

Virbela 构建的虚拟校园通过元宇宙赋能虚拟教学场景，有效提升了教学过程中的真实感和沉浸感，也激发了学生的学习热情。在这一点上，我们充分看到了 Virbela 在元宇宙领域布局方面的优势。

6.5.8　Sloodle：虚拟学习社区带来学习新体验

Sloodle 是目前国际上流行的一个开源三维虚拟学习社区。它的最大特点在于为学习者带来全新的学习体验。

Sloodle 平台的开发者和用户都有权参与到社区建设中来，并在社区中进行交互，从而更好地保持社区意识。任何用户都能参与到 Sloodle 平台上举办的定期学习讨论。所以，Sloodle 平台可以视作一个元宇宙虚拟学习社区的雏形。

当前是一个知识共享的时代。人们通过知识共享，可以实现知识的自由交换，在短时间内达到知识快速丰富的目的，同时还有效节省了学习成本。Sloodle 平台打造的元宇宙学习社区，具有以下优势。

首先，Sloodle 平台为求学者创造了一个逼近现实世界的学习场景，让学生在情景认知的基础上更好地学习。

其次，Sloodle 平台突破了时间和空间的局限性，让来自世界各地的教师和学生沉浸其中。

最后，Sloodle 平台还给元宇宙虚拟学习社区赋予了强交互性。进入社区的教师和学生可以在虚拟学习环境中学习、交流和互动，实现教学相长，并通过创意给学习社区带来全新的体验。

现实世界里，人与人之间通过交互而构建了真实的人类关系。在 Sloodle 元宇宙虚拟学习社区里，不同虚拟角色之间进行学习互动，为学习者提供了具有真实性、体验性、反思性和活动性的学习体验，有利于提高学习者的积极性，从而取得良好的学习效果。

6.5.9　中国传媒大学：开放首个元宇宙虚拟大学

中国传媒大学是教育部直属的首批"双一流"建设高校、"211 工程"重点建设高校、国家"985 优势学科创新平台"重点建设高校。

当教育领域遇到元宇宙，碰撞出不一样的火花时，中国传媒大学的动画与数字艺术学院于 2022 年 1 月与百度希壤合作，在街景地图、三维引擎、数字孪生等技术的支持下，1∶1 复刻了中国传媒大学，包括整个校园建筑、公共设施等，打造了中国传媒大学虚拟校园，并面向公众免费开放。整个项目从着手去做到正式完成开放，共历时 3 个月。

中国传媒大学虚拟校园本质上是一个元宇宙平台。在这个虚拟校园里专门设置校园特色文化、校园情感记忆等专区，力求让整个虚拟校园更具真实性。通过佩戴 VR 头显设备接入希壤平台的用户，可以以虚拟化身的形式，在虚拟校园内开启一场极具未来色彩的漫游之旅。此外，进入虚拟校园，人们还可以举办聚会、参加活动等，使得整个虚拟校园更具温度和生命力。

在虚拟校园建成不久后，正好遇上了中国传媒大学的动画与数字艺术学院举办的一年一度的中国（北京）国际大学生动画节。而虚拟校园作为该活动的分会场迎来了其价值应用的高光时刻，吸引了众多相关领域的从业者、爱好者积极参与进来。此外，中国传媒大学还通过虚拟制作技术打造了数字虚拟人，在虚拟校园的活动中与现实世界的真实主播做了一场别开生面的同步网络视频直播。

除举办动画节之外，中国传媒大学还在其打造的虚拟校园内举办过一场云毕业典礼。所有毕业的学子都以数字身份参与进来，虚拟主持人则像现实世界的主持人一样站在毕业典礼台上主持整个活动。

目前，中国传媒大学在虚拟校园上的应用还只是小试牛刀。未来，中国传媒大学还要进一步发挥虚拟校园的优势，探索元宇宙环境下有关在线教育、虚拟社交等更多更具前沿性的课题，我们拭目以待。

6.6 医疗业：元宇宙给医疗健康带来巨大变革

现阶段，传统医疗模式面临诸多挑战。医疗行业与元宇宙相结合，将为医疗健康行业带来新的变革，为传统医疗模式找到新的突破点。

6.6.1 增强现实实验攻克技术难关

现阶段，由于技术条件受限，手术模拟和药品研究在精准性方面存在一定的难点。医疗行业入局元宇宙，这一技术难关将有望被攻克。

（1）临床手术

在医疗行业，手术的精准性直接关系到患者的治疗效果和生命安全。但现阶段，由于技术条件受限，患者在手术过程中最大的难点在于手术中无法很好地从错综复杂的人体结构中找到病灶点。

医疗行业入局元宇宙，这一技术难关将有望被攻克。

我们完全可以在元宇宙世界中按照真实人体组织和结构进行1:1复刻，打造出专攻医学研究的虚拟人体。通过佩戴 AR 头显设备，医学家可以直接"进入"虚拟人体内部，进行超现实体验。

比如，观察人体内部的各个部位细节，可以剥离皮肤和组织层，更加真实和立体地看到人体各项器官、血管、神经和骨骼结构，甚至还可以细微到人体细胞、DNA 等。这些操作都可以重复进行，从而帮助医学家更加生动地了解人体。这样为了医学研究，进入人体内部、反复进行操作的事情，在现实世界是不可能实现的。但在元宇宙世界却能十分容易地实现。

基于元宇宙医疗的这些优势和便利，完全可以将其应用于解决现实世界患者病灶点难找的问题，为患者进行更加精准的医治。

首先，医学家可以在术前根据患者数据，由内而外地模拟患者的人体结构解剖图，清楚地了解患者的各个部位细节，解决视角盲区。

其次，医学家还可以对虚拟患者的病灶构建治疗方案，对虚拟患者进行虚拟治疗。

最后，将最佳的治疗方案应用于现实世界的患者，达到精准医治的目的。

这样的医疗方式能极大地避免医疗事故的发生，减少患者手术时间和并发症发生的概率。此外，在手术前后，还可以用 3D 交互方式，向患者家属清晰、直观地说明问题，帮助他们消除担忧和顾虑。

（2）药品研究

化学药品的研究本身就是一个十分精细化的工作。在药品研究中，尤其是纳米药物研究的实验和试验阶段，由于纳米药物的纳米尺度和结构的特殊性，再加上研发制药设备精密度有限，会使药品在研究过程中存在一定的安全性风险。所以，研究人员通常需要经过成百上千次，甚至更多次的试错，从而提高候选药物的成药性，保证成品药的安全性、有效性和质量可控性。

元宇宙世界里，借助人工智能、大数据、增强现实技术实现药物研究精细化，并能有效缩短药品研发的时间，达到降本增效的目的。与现阶段的研究技术相比，元宇宙药物研究可以有效降低安全风险，提高药品研究的成功率。

元宇宙应用于医疗行业能够通过超强现实试验有效攻克技术难关，使未来的医疗体系中的临床手术和药品研究的发展得到飞速提升。

6.6.2　VR/AR 增强远程医疗体验

当前，患者需要自己去医院或网上挂号，然后排队等候医生问诊，再由医生决定是否住院。对于那些病情紧急的患者，则先拨打急救电话，急救医护到现场处理后，再由急救车送至医院。显然，现有的医疗流程，并不能以最快的速度救治那些有紧急病情患者。

当然，目前已经可以实现远程医疗。借助计算机技术、遥感技术、信息通信技术等，医生可以通过相应的视频设备直接对患者问诊，或在了解患者身体各项数据指标后，为用户进行诊断和评估。这种远程医疗方式缺乏临场感和真实感，在问诊的过程中存在一定的弊端。这也是当下医疗领域存在的一个极具挑战性的难题。

元宇宙的出现可以通过 VR/AR 帮助医疗行业增强远程医疗体验。患者和医生通过佩戴 VR/AR 头显设备进入元宇宙当中。患者可以直接以虚拟身份出现在医院的门诊，完成排队、看诊等一系列流程。医生问诊的对象也是患者的一个数字化分身。

如果医生在遇到疑难杂症病例、需要全国各地的专家一起会诊时，大家不用舟车劳顿，可以直接进入元宇宙世界里，对患者的数字化分身进行病情研究，并通过相互讨论，以最快的速度制订出最佳的治疗方案。

整个远程医疗的过程中，医患沟通犹如在线下医院面对面沟通一般，跨越了地域的界限，给患者带来了即时、有效的医疗服务，使患者获得了真实、高效的远程医疗服务体验。

接轨元宇宙之后的医疗行业，其发展可能会超出我们的想象，可能会颠覆我们目前的诊疗认知，也将会对医疗水平的进一步提升起到极大的促进作用。

6.6.3　广药集团：打造"元宇宙广药"蓝图

广州医药集团有限公司（简称"广药集团"），是一家主要从事中西药品、大健康产品、生物医药及相关产品研发、生产、销售的企业。随着医疗行业越来越多的企业开始拥抱元宇宙，广药集团也开始加快布局，为实现"元宇宙广药"进行蓝图规划。

广药集团的元宇宙布局，主要包含以下两方面。

（1）推出 NFT 数字藏品"吉虎"

广药集团旗下子公司广州王老吉药业股份有限公司出品的王老吉深受广大消费者的青睐。为了进一步提升市场竞争优势，广药集团与元宇宙平台 Highstreet World 寻求合作，计划在虚拟空间置地开建"吉文化基地"，并打造与"吉文化"相关的内容和产品。除此之外，广药集团还推出了 NFT 数字藏品"吉虎"，并在 Highstreet World 上公开拍卖。

（2）实现药品制造数字化转型

除推出 NFT 数字藏品之外，广药集团还将药品生产制造流程与元宇宙结合，实现在拟真环境中研发制造药品；借数字孪生优化实际产品性能；在数字孪生技术与信息物理系统的协同下，对车间生产线实现实时监督管理和优化；借助 NFT 实现药品的防伪溯源等。广药集团借助以上操作，推进业务数字化、管理数字化、决策数字化、运营数字化，真正实现了药品制造的数字化转型。

广药集团抓住元宇宙风口，打造的"元宇宙广药"蓝图，让数字化成为了助推广药集团成为医疗健康领域一流生物医药与健康企业的最强劲引擎。

6.6.4　元宇宙医学联盟：借 VR 设备破局传统医疗模式

2022 年 2 月，我国成立了首个元宇宙医学联盟。元宇宙医学联盟成立的目的，其实就是将 VR/AR 技术，应用于医疗教学、外科手术与护理、远程医疗等场景，从而打造一个全新的医学世界。

（1）医疗教学

AR 技术下的元宇宙医疗教学能够将教学模具进行三维构建，并将虚拟立体模具放置在增强现实场景当中，为学生提供更加逼真的观察对象，使学生可以更加近距离地观察和学习，而不是局限于课本中的理论知识。

（2）外科手术与护理

VR 技术可以帮助医师更好地通过虚拟患者发现病症所在位置，并为患者提供 3D 全息可视化手术解决方案，帮助外科医生为患者更好地进行手术。在术后，医疗护理人员还可以通过 AR 技术更好地了解患者需要重点护理的部位以及有效的护理手法和步骤。

（3）远程医疗

医师在戴上 VR 头显设备之后，以数字身份进入到元宇宙世界。在这里，医师可以与虚拟患者近距离接触，为患者提供问诊和援助服务。而这位虚拟患者其实是现实世界里远在他乡的某一位患者的数字化身。基于 VR 技术的远程医疗为患者提供了很大的便利，使医师能够第一时间为其提供医疗问诊和医疗援助服务，使看病问诊变得更加高效。

虽然医疗技术在不断进步，医疗模式也得到了有效的完善，但依旧存在许多难题和困境。元宇宙医学联盟专门针对这些难题和困境提出了解决方案，为医疗行业的发展带来质的飞跃。未来的元宇宙医疗联盟还会在医疗领域有更多的探索、尝试和创新，为医疗行业带来更加广阔的发展空间。

6.7 房地产业、家装业：元宇宙为地产、家装产业带来新畅想

对于房地产行业来说，元宇宙的出现恰逢其时，给房地产和家装产业带来更多的新畅想。

6.7.1 元宇宙建筑设计摆脱物理空间束缚

对于很多建筑设计师来讲，他们往往会灵感大发，设计出一个充满创造性，甚至是独具一格的建筑。对于施工方来讲，这样的建筑在实际施工时不但要考虑美感，还要充分考虑力学因素，颇具难度。如果直接按照图纸施工，试错成本过高，而且会影响施工进度。

建筑本身是元宇宙中的一个重要构成要素。在虚拟世界里，人们可以以数字化身的形式四处走动，可以与其他用户聊天和互动，而建筑则为用

户提供了基本的活动场景。元宇宙世界里的建筑是通过数字孪生技术打造的 3D 立体虚拟建筑。这里的建筑还有一个重要的特点，就是用户可以开发设计"公式"，如果发现设计存在问题或者不太满意，可以调节参数，直到满意为止。基于这一点，那些在现实世界难以落地的项目可以在元宇宙世界里尝试实现。

（1）设计建筑草图

首先，设计师用虚实结合的方式创建建筑施工的虚拟环境，然后借助虚拟显示技术设计建筑草图。

（2）优化设计草图

邀请甲方以数字身份进入元宇宙，借助 VR 设备更加直观地观看虚拟建筑成品的外观，甚至还可以进入建筑内部感受内部设计的风格和氛围。然后再和甲方针对建筑设计进行讨论，对甲方不满意的地方进行参数调整和优化，直到甲方满意为止。

比如，北京大兴国际机场为了使整个建筑空间更加开阔，并实现屋面与承重结构一体化，在设计初稿完成后，还通过虚拟现实技术、3D 模拟技术计算出需要的玻璃数量、球形节点和连杆的数量，对初稿参数做出相应修改。之后还进行了施工模拟，最终使这座施工难度极大的建筑顺利完成。

（3）虚拟建筑生成

在设计方案通过之后，就可以将方案交由施工方来完成。但在施工之前，可以邀请施工方进入元宇宙进行观摩。借助 3D 一键成模技术进行施工模拟演练，全方位掌握施工过程中的工艺工法有助于施工方更好地了解施工过程，有效提高施工效率的同时，避免现实世界施工时带来的不必要的试错成本。

（4）建筑施工有序进行

在一切前期准备工作完成之后，就可以正式进入现实世界的建筑施工阶段。由于施工方提前做了模拟演练，所以在这个阶段可以将复杂的结构工程非常有序地进行下去。

当元宇宙与建筑设计联系到一起时，建筑师将不再受到物理空间的束缚。未来，基于元宇宙的助力，更多别具一格、更具科技感的建筑将快速崛起，成为建筑界的主流。

6.7.2　元宇宙看房改善消费者看房体验

当前，很多有过租房、买房经历的人都会有这样的体验：上门看房花费了很多时间，看房后却并不满意。线上看房虽然对上班族很友好，省去了往返的时间，真正签合同入住后，却发现"货不对版"，图片介绍与实际情况大不相同。视频看房虽然看似通过视频画面看到房源的真实情况，但房地产中介往往会只给你看房源干净、整洁的一面，不佳的一面则被其选择性跳过。这种看房方式同样所见并非所得。

以上这些情况给消费者带来了十分糟糕的看房体验，也逐渐影响到了房地产中介的生意。为此，房地产中介开发出了 VR 看房服务，但传统意义上的 VR 看房，由于其只有固定的视角和广角，存在一定的失真问题。因此，VR 看房并没有从根本上给消费者的看房体验带来真正的变革。

元宇宙看房的出现，将很好地改变消费者看房体验不好的现状。

元宇宙看房主要是借助 VR 技术，将消费者带到一个逼近现实的虚拟世界。这里的房屋以及内部陈列都是按照现实世界的实物进行的 1 : 1 的复刻。消费者可以超越时间和空间限制，随时随地看房，还可以随意在每个房间走动，了解房屋的原始面貌和内部结构细节。此外，消费者还可以发挥自己的创造力，将虚拟房屋装修成自己喜欢的风格和样式，然后以此作为现实世界房屋的装修模板，根据模板对现实世界的房屋进行改造。

众趣科技有限公司（简称众趣科技）是一家 VR 数字孪生云服务提供商，主要的业务是基于 AI 机器视觉算法和互联网技术，专注于大空间 3D 数字化研发和技术服务。除此以外，众趣科技基于自身的底层技术优势在垂直房产行业进行布局，借助数字孪生、人工智能、3D 视觉算法与三维渲染技术将现实世界里的房源"克隆"到元宇宙世界，向消费者呈现更加立体、详尽的房源结构。目前，众趣科技已经完成了上百万套房源的克隆重建。

当然，这仅仅是众趣科技在元宇宙领域布局的一个方面。众趣科技目前的元宇宙业务还涉及云展厅、场景购、数字文旅等众多细分场景。

众趣科技接入元宇宙之后，在业务方面获得了更大的发展空间。未来，众趣科技还希望在元宇宙领域对数字建筑方面做更深度的开发，给消费者打造更加优质的看房体验。

这种基于 VR 头显设备的元宇宙看房，与传统看房模式相比，其优势在于以下四个方面。

（1）更具新奇感

在经历了诸多不尽如人意的传统看房模式之后，这种全新的元宇宙看房给人一种新潮感、趣味感，再加上人工智能、数字孪生、三维仿真等技术，给消费者营造出一种强烈的科技感，对于房地产中介吸粉引流、重拾消费者信心来说，大有裨益。

（2）超强沉浸感

元宇宙看房为消费者提供更加逼真的看房体验，让消费者看房时仿佛身临其境。这种仿佛置身于现实世界的看房体验给消费者带来了超强的沉浸感受。

（3）更具便捷性

元宇宙看房与传统看房模式相比，足不出户就可以通过 VR 头显设备进入元宇宙，实现轻松看房。因此，其具有的便捷性，自不必多说。

（4）更具互动性

消费者不仅能通过房源展示看到相关数据信息，还能按照自己的喜好修改这些数据信息。这与传统看房单一的数据传输模式相比增添了人机互动功能，更具互动性。

元宇宙时代正在向我们走来，更多的传统房地产企业开始走进一个全新的数字化虚拟和现实相结合的时代。高沉浸式、强互动性元宇宙看房体验对房地产企业的发展进程起到了至关重要的推动作用。

6.7.3 元宇宙家装所见即所得

当下，越来越多的消费者开始重视生活空间的舒适性、美观性。所以，很多人在租房或买房、入住前会对房屋装修一番。但装修后有多开心，装修的过程就有多熬人。

很多人在装修前会接触很多家装平台，在确定设计师之后，再反复修改、最后敲定设计方案。进入动工环节后还会出现装了改、改了装的情况，让很多装修房屋的人叫苦不迭。

对于家装公司来说，也一样"苦"。合作难是最让他们感到头疼的事情。

元宇宙时代，家装行业迎来了大变革。

元宇宙家装利用虚拟现实技术将室内结构、装饰等通过 VR 头显设备全方位展示给顾客，为顾客在数字空间中呈现出一个"克隆"现实世界的家。顾客可以推翻已有的一切家装布局，重新设计自己喜欢的家装风格；也可以对已有家装布局进行局部修改，实现家装个性化定制服务。

在按照顾客要求进行重新装修后，顾客可以再次进入元宇宙世界，借助 VR 头显设备体验 720 度无死角的三维空间家装效果，立体感受家装风格、家具造型、光线照明、色彩搭配、空间收纳、安全性能等，提前看到未来新家的温馨模样，提前感受家居环境。如果顾客还需要进一步改进，完全可以在现有的数据参数基础上进行修改，直到顾客满意为止。最后，就可以将敲定的家装方案，按照顾客所见的一切，应用于现实世界的装修当中，真正实现了所见即所得。

元宇宙家装被赋予了众多"黑科技"后，其最大亮点在于以下四方面。

（1）在线实时互动

元宇宙家装服务，不仅能让顾客足不出户就在线上看到未来家的样子，还可以在线上直接修改家装参数，实现了家装服务商与顾客的实时互动，实时生成房屋改动后的效果。

（2）优化营销方式

元宇宙家装服务，除涉及家装服务商、顾客之外，还包含了设备品牌商。元宇宙家装颠覆了传统家装模式，顾客不用亲自去智能家居店体验和选购产品，而是直接接入品牌服务商，进入家装元宇宙世界，顾客可以直接沉浸式体验智能家居的功能，最后直接选购即可。相比现实体验店，这种基于三维仿真技术打造的虚拟产品体验为顾客节省了时间，还不必付出店员和店铺租金成本，是对传统营销方式的一种优化。

（3）迎合年轻人消费习惯

当下的年轻人更加习惯于线上消费，一来可以省去跑建材市场的时间，二来可以更加直观地在线上进行比价。显然，元宇宙家装凭借自身的"黑科技"完全能够满足年轻消费者的这种消费习惯。一方面，3D沉浸式家装体验，解决了跑去建材城的时间成本问题；另一方面，将家具电器都"克隆"并搬进了元宇宙世界里，与产品有关的参数信息、价格信息等一目了然，不用开口问就能直观地进行比价。

（4）有效降低试错成本

传统家装服务，一旦前期决策错误，后期就会出现连锁反应。比如一些大件家具，如果定做大小有出入，就会影响整体家装效果，而退货则成本太高。元宇宙家装则完全没有这样的困扰。所有家具的大小、规格在元宇宙世界设计的过程中就已有明确、精准的参数，保证家装施工阶段可以一气呵成，让顾客获得完美的家装体验。

元宇宙赋能家装领域，为消费者提供"量体裁衣"式的家装方案，重新迎来家装黄金时代，也必然给整个房地产领域带来消费体验的升级，真正实现所想即所见，所见即所得。

6.7.4　龙湖地产：入局元宇宙，开辟地产新赛道

为了更好地落地元宇宙，龙湖地产全面开辟地产新赛道。龙湖地产入局元宇宙推出的全新业务主要有以下三方面。

（1）元宇宙样板间

长期以来，房地产业为了吸引消费者购买，就会花重金、花大量时间

打造样板间。等到销售活动结束后，那些精美的样板间就会被直接拆除，造成了很大的资源浪费。

为此，龙湖地产一改传统方式，结合元宇宙，打造出了零成本、自定义、模拟装修的元宇宙样板间。这样不但在很大程度上节省了打造实体样板间的成本，而且能让样板间多次利用。

（2）元宇宙看房

虽然当前 VR 看房已经应用于现实，但前文中也提到，VR 看房存在一些弊端。龙湖地产借助元宇宙的 3D 虚拟现实技术，为用户提供元宇宙看房服务。用户可以进入元宇宙世界，更加直观地看到房屋的整体样貌和装修风格。与此同时，龙湖地产还为用户提供元宇宙家装服务，用户可以对自己看中的房屋进行室内家具、风格等的改装。之后，龙湖地产会将用户喜欢的装修方案应用于现实世界的房屋装修中，充分满足用户需求，给用户带来极致的看房体验。

（3）元宇宙售楼

龙湖地产与元宇宙平台"虹宇宙"合作，通过优势互通，开发了"京能龙湖熙上"楼盘项目。与此同时，虚拟"熙上售楼处"在元宇宙平台上同步开放，依托数字孪生、人工智能、区块链等技术，为"京能龙湖熙上"打造了沉浸式体验环境和逼真的营销场景。

开盘当天，元宇宙虚拟售楼处的展区吸引了很多消费者。龙湖地产还专门打造了吉祥物"龙小湖"作为元宇宙"熙上售楼处"的虚拟讲解员。这种售楼方式让消费者体验沉浸式看房，也让消费者真切地感受到元宇宙与实体地产结合的独特魅力。

元宇宙与实体房地产结合，有着巨大的想象空间。龙湖地产未来的业务不局限于元宇宙样板间、元宇宙看房、元宇宙售楼等方面，还会在商业运营、住房租赁、智慧服务等诸多方面做探索和尝试，从而推动房地产行业实体经济与元宇宙更多方面的融合。

6.7.5　每平每屋：以数字技术重塑家装服务

每平每屋是阿里巴巴旗下的一个家居家装平台，从两方签约到施工验收，以求帮助用户拥有轻松美好的家居生活。目前，每平每屋也接入了元宇宙，推出了元宇宙家装服务，为用户提供家装解决方案，其涵盖了从家装设计到家具购买，再到家装施工的数字化全过程。

每平每屋其实就像是一个包罗万象的家居家装市场，这里有众多风靡全球的家具设计方案可供用户选择，还可以根据用户需求，直接为用户设计全套家具搭配方案。

与以往传统的线上平面家装模式的不同之处主要在以下五个方面。

首先，用户通过手机直接下单，获得设计师服务。设计师根据用户的户型和风格需求，在数字孪生技术、人工智能、3D 渲染等高新技术的支持下，智能生成各种 3D 虚拟样板间。

其次，用户可以凭借智能端口链接，以数字身份直接进入样板间，看到一个"真实"的家，感受样板间的每一个装修细节，观看房屋的装修全貌。

再次，用户还可以根据自己的喜好在已有的家装基础上进行风格修改、色彩调整、家具搭配，并且还能在线同步观看装修效果。

从次，用户在每平每屋上看到的虚拟样板间里的所有家具、设备等3D模型，在现实世界里都有实体与之相对应。而且每个模型上方都会有尺寸、材质以及价格等详细信息，用户完全可以在这里直接下单购买。

最后，在与用户签约之后，每平每屋以用户选择的装修方案为样本，在现实世界为用户进行施工，完成整体家装服务。

除通过设计师为用户在线智能生成各种3D虚拟样板间之外，用户还可以直接到每平每屋的应用首页"我的家"板块，搜索自己所在小区要进行家装的户型，然后把喜欢的家具产品拖到这个户型里，再加上3D渲染效果，几秒钟之后就能够看到自己亲自设计的家装效果。用户可以直接走进虚拟家装内部，新家具与房子户型是否配套，一目了然。

传统家装的真正痛点在于，从图纸设计到施工落地，其中沟通、确认等诸多环节存在各种变数。每平每屋的元宇宙家装模式通过虚拟数字角色的落地，使家装过程中的沟通与对接等更具实时性、高效性。每平每屋以数字技术重塑家装服务，成为实体房产家装行业转型的新典范。

为了更好地服务于用户，每平每屋还广泛寻求合作。目前，平台上的合作商家已经超过5万家，接入的全球注册设计师数量超过了1000万名。每平每屋还通过搭建3D样板间、VR全屋漫游、3D虚拟直播等丰富家装服务，为用户做出更快、更好、更优质的家装决策提供参考。

当前，房产家装服务的数字化转型还处于起步阶段。随着房产家装行业在元宇宙领域更多的探索性应用出现，其必将迎来全新的窗口期。

第七章
元宇宙的未来展望

　　元宇宙是虚拟与现实的全面融合，给了人类社会迎来前所未有的机会。虽然我们已经对元宇宙世界的构建做了很多畅想，但未来全面进入元宇宙时代，人们的生活、工作、学习、娱乐、社交等究竟会发生什么样的变化？我们将何去何从？人们希望能够找到一份答案，揭开心中的疑问。

7.1　元宇宙未来趋势

当前元宇宙的发展正处于初级阶段，人类对元宇宙的探索也才刚刚开始。未来，随着元宇宙的进一步发展，元宇宙时代的价值和机遇会更加凸显，届时元宇宙的发展会呈现什么样的态势？

7.1.1　人类世界数字化

元宇宙是一个虚拟与现实相结合的世界。这个世界平行于现实世界，独立于现实世界存在，却又无法完全脱离现实世界，人们可以进入这个世界进行真实的生活、工作和社交等。

元宇宙世界里的每一个人都是以数字化身份存在的。每个人对他人的认识和了解也是通过对方的数字化身份来实现的。元宇宙中虚拟数字人的一言一行，都是通过动作捕捉，将现实世界的人的动作数据化后的结果。

与人们生活息息相关的衣食住行等方面的物品也都是通过用户借助数字化编辑工具打造的数字化物品。甚至元宇宙世界里基于数字化物品、数字化货币而构成的经济体系也呈现出数字化特点。

人们所处的生活、工作、社交场景也都是由数字孪生技术对现实世界的1∶1复刻，是对现实世界的数字化。可见，元宇宙从人，到物、到场景，都离不开数字化。元宇宙本身就是一个数字化的世界。随着元宇宙不断走向成熟，数据将成为元宇宙世界里最重要的生产要素。

7.1.2　元宇宙衍生出新的营销方向

当前，各产业领域的企业已经开始在元宇宙领域寻求全新的营销方式，以此为品牌带来更多的流量和销量。

（1）数字资产开辟营销新赛道

数字资产本身具有帮助品牌打开数字资产市场的潜力，很多意识到这一点的品牌便从数字资产入手，通过将品牌产品 NFT 化，为品牌开启了数字资产亿万级市场。再加上数字资产本身代表了科技与时尚，很好地迎合了年轻消费者大胆追逐科技与时尚的个性化特点，所以数字资产有自带热点光环和吸引人高度关注的潜力，能够快速抢占年轻消费人群的市场。开辟数字资产赛道是一种很好的借势营销方式，也是很多品牌拓展营销渠道的一种重要方式。

比如，古驰等品牌都在千方百计与元宇宙接轨，尝试发行 NFT 数字资产，以获得丰厚的回报。事实证明，营销效果显著。

（2）虚拟偶像引流

虚拟偶像，无论外表形象，还是性格人设，都是结合品牌调性和用户审美喜好而打造的，使用户对虚拟偶像的接受度更高。这样既达到了引流的目的，又起到了品牌宣传的效果。让消费者一看到虚拟偶像，就能在脑海里第一时间想起品牌。

比如，花西子打造了虚拟代言人"花西子"、屈臣氏构建虚拟代言人"曲晨曦"、麦当劳推出虚拟形象"开心姐姐"，都是借助虚拟偶像为自己的品牌代言。

除了代言，虚拟偶像还可以进行商演，为品牌做宣传。虚拟偶像目前已经拓展出一条经过验证的成功商业路径。

（3）打造元宇宙带货平台

很多品牌在尝到元宇宙营销的甜头后便开始拓展新的营销思路，将元宇宙 3D 虚拟场景、虚拟数字人等利用起来，再结合真实的商业应用场景，推出属于自己的元宇宙带货平台，从而开辟了全新的品牌营销模式。

蒙牛就是一个最好的例子。蒙牛联合元宇宙平台 ODin META 推出专属于蒙牛自己的元宇宙——蒙牛 Land。将自己的店铺和产品搬到元宇宙平台上，面向普通人开放，并设置很多新鲜玩法，吸引用户购买，以此来打造元宇宙商业帝国。

未来，借助元宇宙元素开展营销活动会成为一种趋势，随着各领域在元宇宙领域更深层次的探索和应用，元宇宙将会衍生出更多新的营销方向。

7.1.3　元宇宙相关岗位需求激增

随着元宇宙时代的推进，各领域对接元宇宙的深度和广度在不断提升，随之衍生出一些新的营销方式和商业模式，使一大批全新工作岗位诞生，而且数量也会不断激增。

可以预测，未来以下工作岗位将会出现需求激增的情况。

（1）元宇宙规划师

元宇宙时代，绝大多数企业会想尽办法与元宇宙融合，但怎么融合？如何才能更好地融合？这些问题将会由元宇宙规划师来完成。

（2）元宇宙生态开发人员

一个企业入局元宇宙后，就需要构建一个完整的生态系统，如运行机制等。如果没有这些要素，也就难以形成一个运行流畅的元宇宙生态体系。

（3）元宇宙运维人员

元宇宙就好比一个大型机器，由每一个细小部分共同组成。如果某一个部分出了问题，就会影响整个机器的正常运转。所以，运维人员在元宇宙中不可或缺，他们的主要职责就是指导和监督大规模内容创作，确保数字世界足够安全等。

（4）元宇宙建设者

元宇宙世界就像现实世界一样，需要不断地去建设和完善。所以，建设者岗位也会大幅增加。他们的主要任务就是负责思考有关规则的问题。

未来，每个企业都会构建自己的元宇宙，这就会为人们带来更多新岗位和新机会。如果今天就开始为未来做准备，那么你就可以成为未来最早的一批重点人才。

7.2　元宇宙下的冷思考与冷处理

如今，元宇宙已经成为一个现象级新概念出现在人们的视野，这时候，我们应当冷静下来，理性看待，重新审视元宇宙背后可能存在的问题，并做出有效的处理。

7.2.1　大胆突破与谨慎态度并存

时代在进步，各种新鲜事物也会随之不断涌现。企业遇到新鲜事物不逃避，主动去接触和拥抱新鲜事物，积极探索自身与新鲜事物之间的连接点，才能与时俱进，获得强大生命力，并在行业中不断成长和壮大。

元宇宙出现后，各行各业的企业积极拥抱和探索的精神是值得称赞的。它们在突破现有发展瓶颈，在寻求自身在元宇宙领域的新方向，同时也是在为整个人类拥有美好、舒适的生存环境和轻松、便捷的生活方式做贡献。

但是，大胆突破并不意味着盲目入局、随意跟风。在实现自我大胆突破的同时还应当回归理性，在充分考虑自身特点、元宇宙特性基础上，寻求入局元宇宙的最佳路径。任何探索性投资都是有风险的，如果没有找到好的方法和模式，把握不好进军元宇宙的步骤和节奏，就会一招不慎，满盘皆输。

所以，任何企业在积极布局元宇宙的过程中，既要大胆寻求突破点，又要秉持谨慎的态度，做到谨慎、谨慎、再谨慎。事实上，这两点并不矛盾，企业因"大胆"而敢于与时俱进，因"谨慎"而稳中求胜。

7.2.2 发展模式仍待市场和时间检验

元宇宙的出现，为很多企业提供了全新的赛道。

虽然说谁能够率先拥抱元宇宙，谁就能够率先把握元宇宙机遇，谁就能率先抢占元宇宙市场。但元宇宙作为互联网新风口，仍处于初级阶段。这就像是当年的互联网发展的初级阶段一样，人们对它的出现和存在充满了美好的憧憬和期待。然而人们对它的认知和了解还远远不够。

虽然当下也有很多科技产业探索出了元宇宙领域商业应用的模式，但也只是一个雏形。元宇宙发展格局还未定形，随着元宇宙的进一步发展还存在诸多不确定之事，一切还需要随着时间向前推动，在市场中接受更多的检验。

尤其是对那些传统产业领域的企业来说，如果此时想要通过转换元宇宙赛道一举取得成功，可能性有，但比较小。任何一个成功商业模式都是经过千锤百炼之后的产物，而且只有成功通过市场检验的才是最好的。这就像大浪淘沙一样，最后才能决定谁能成功地留下来，谁只能被淘汰出局。

就拿前几年大热的"共享模式"来说。在这种商业模式提出之后，共享单车、共享充电宝、共享图书等诸多共享新事物出现在人们的生活当中。但在经过市场和时间检验后，很多共享项目从最初大火到降温甚至遇冷，而真正意义上成功的共享模式，在经历了市场的考验后如今还能保持风头依旧。

所以，企业在抓住元宇宙风口时，试错是必经之路。如果有条件的话，要把鸡蛋放在不同的篮子里，一来减少投资风险，二来"多条腿走路"会多几个发展模式，东方不亮西方亮，离成功又多了一重机会。